문명을 담은
팔레트

창비청소년문고 23

문명을 담은 팔레트: 인류와 함께한 색 이야기

초판 1쇄 발행 • 2017년 2월 17일
초판 4쇄 발행 • 2018년 7월 2일

지은이 • 남궁산
펴낸이 • 강일우
책임편집 • 김효근
조판 • 박지현
펴낸곳 • (주)창비
등록 • 1986년 8월 5일 제85호
주소 • 10881 경기도 파주시 회동길 184
전화 • 031-955-3333
팩시밀리 • 영업 031-955-3399 편집 031-955-3400
홈페이지 • www.changbi.com
전자우편 • ya@changbi.com

ⓒ 남궁산 2017
ISBN 978-89-364-5223-0 43900

문명을 담은
팔레트

남궁산 지음

인 류 와 함 께 한 색 이 야 기

창비

우리의 삶은 항상 다채로운 색채와 함께하고 있습니다. 눈을 뜨면 빨강이든 검정이든 항상 어떤 색을 보기 마련이고, 일상에서도 끊임없이 색을 선택해야 하는 순간을 마주하게 되지요. 때로는 색이 사람의 행동을 결정하기도 합니다. 횡단보도에서 신호등이 빨간색일 때는 가만히 기다리다 초록색으로 바뀌면 건너듯이 말입니다. 색은 행동뿐 아니라 심리에도 영향을 미쳐서 우울할 때는 좋아하는 색을 곁에 두는 것이 이롭다고 하지요. 항상 가까이 있기 때문에 눈치채기 어려울 뿐 사람과 색은 떼려야 뗄 수 없는 관계입니다.

저는 판화가라는 직업 덕에 다른 사람보다 좀 더 색채에 민감하고 관심도 많습니다. 특히 오래전부터 강렬한 원색에 매료되어서 줄곧 판화에 다양한 색을 담아내려 노력했지요. 원색을 향한 흥미는 나아가 색채의 근원과 역사를 파고드는 데 이르렀습니다. 역사,

사회, 예술, 과학, 종교 등을 막론하고 색채가 사람들의 의식에 어떤 영향을 미쳤는지, 색과 관련한 기술 발전이 사람들의 생활에 어떤 변화를 일으켰는지 탐구했습니다. 영화나 소설 못지않게 흥미로운 사건들도 알게 되었지요. 가장 큰 소득이라면 세상을 바라보는 시야가 좀 더 넓어졌다는 것입니다.

빨간색이 위험을, 초록색이 안전을 뜻하듯이 색들은 저마다 특별한 의미를 지니고 있습니다. 각각의 색이 지니는 의미는 시대와 문화에 따라 계속해서 변해 왔지요. 사람이 색에 새로운 의미를 부여하면, 색은 그 새로운 의미로 사회에 영향을 미쳤습니다. 색과 사람, 색과 사회는 그렇게 오랫동안 서로 영향을 주고받았습니다. 그 때문에 색들의 의미가 바뀌어 온 과정을 짚어 보는 것은 문명의 흐름을 폭넓게 이해하는 방법이 될 수 있습니다.

이 책에서는 대표적인 색들인 빨강, 파랑, 노랑, 초록, 검정, 하양, 보라, 주황, 분홍이 인류와 함께해 온 과정을 차근차근 짚었습니다. 선사 시대부터 오늘날까지 각각의 색들이 지닌 의미가 어떻게 변했는지, 인류가 어떻게 색을 손에 넣었는지 알아보겠습니다. 더불어 꼭 알아야 할 색채학의 기초 지식을 훑어보려 합니다. 이 책이 넓고 깊은 색의 세계로 나아가는 첫걸음이 되길 바랍니다. 나아가 세상을 바라보는 시야를 넓히는 데 조금이나마 도움이 된다면 좋겠습니다.

이 책이 세상에 나오기까지 격려해 주었던 모든 분에게 감사의 인사를 드립니다. 특히 이 책의 기초가 되었던 신문 연재를 마련해 준 고광률 선생님, 미흡한 원고를 개정해 책으로 엮기를 권유한 김이구 선생님, 그리고 거친 원고를 멋진 책으로 만들어 준 김효근 편집자님과 창비 출판사 여러분에게 감사드립니다.

2017년 2월
남궁산

차례

들어가며 5

1

최초의 색이자
생명의 색,

빨강

자, 색 이야기를 시작하기에 앞서 머릿속에 떠오르는 대로 색의 이름을 나열해 봅시다.

　"빨강, 파랑, 노랑, 초록, 보라……."

　아마 대부분 빨간색을 제일 먼저 말하지 싶습니다. 왜 그럴까요? 빨강이 인류의 역사에서 처음 이름이 붙은 색이자 오랫동안 색을 대표해 왔기 때문일 겁니다. '색'과 '빨강'을 같은 단어로 쓰는 경우도 있지요. 스페인어에서 '콜로라도(colorado)'는 '색이 있다'라는 뜻과 더불어 '빨강'을 뜻하기도 합니다. 영어에서 색을 의미하는 단어 '컬러(color)'의 어원이기도 하고요.

　빨간색이 다른 색보다 먼저 사람의 눈에 띈 이유는 무엇일까요? 그 이유를 알려면 선사 시대 인간이 살아남기 위해 어떤 일들을 겪었을지 상상해 봐야 합니다. 우선 사람은 먹어야 살 수 있습니다. 구석기 시대의 동굴 벽화를 봐도 알 수 있듯이 오래전에 사냥은 먹을거리를 구하는 대표적인 방법이었지요. 사람은 다른 동물의 생명을 빼앗아야만 살아갈 수 있었습니다. 그리고 알다시피 피는 빨간색입니다. 빨강을 뜻하는 영어 '레드(red)', 프랑스어 '루주(rouge)', 독일어 '로트(rot)', 이탈리아어 '로소(rosso)'는 모두 산스크리트어로 피를 뜻하는 '루디라(rudhira)'에서 비롯되었습니다. 성경에도 "너희는 모두 이 잔을 받아 마셔라, 이것은 나의 피다."라는 구절이 있는데요, 최후의 만찬에서 예수가 제자들에게 했던 말입니다. 그 때문인지 가톨릭교회에서 미사 때 마시는 빨간 포도주는 예수의 피를 상징하지요.

우리를 색의 세계로 인도하는 첫 번째 색은 빨강입니다. 최초의 색이자 생명을 상징하니 빨강보다 알맞은 색은 없을 듯합니다. 일단 문명이 만들어질 조짐조차 없었던 구석기 시대로 거슬러 올라갈까요?

생명의 땅에서 빨강을 캐다

빨강이 인류가 처음 사용한 색이라는 사실은 틀림없습니다. 가장 오래된 구석기 시대 동굴 벽화에도 빨간색이 쓰였거든요. 그렇다면 사람은 어떻게 빨간색을 손에 넣었을까요? 동물의 피에서? 빨간 꽃에서? 그보다 훨씬 구하기 쉬운 재료가 있었습니다. 항상 발로 밟던

흙이었지요. 구석기 시대에는 산화철이 포함된 황토에서 빨강을 얻었습니다. 산화철이란 산소와 화학적으로 결합한 철인데, 쉽게 말해 녹슨 철입니다. 철에 잔뜩 녹이 슬면 겉이 어두운 빨강으로 변하지요? 산화철이 많이 포함되면 흙도 빨간색에 가까워집니다. 물론 구석기 시대에 산화철을 알았을 리는 없습니다. 하지만 흙이 가장 쉽게 빨강을 만들 수 있는 재료라는 것은 깨달았지요.

자연의 모든 것에는 영혼이 깃들어 있다고 믿었던 구석기 시대 사람들에게 흙에서 구한 빨강은 땅속을 흐르는 피와 같았습니다. 그렇기 때문에 당시에는 빨강이 피의 마법을 실행하는 도구였지요. 구석기 시대에 그려진 프랑스의 라스코 동굴 벽화와 스페인의 알

구석기 시대에 그려진 알타미라 동굴 벽화의 일부. 빨강으로 상처 입은 소를 묘사했다.

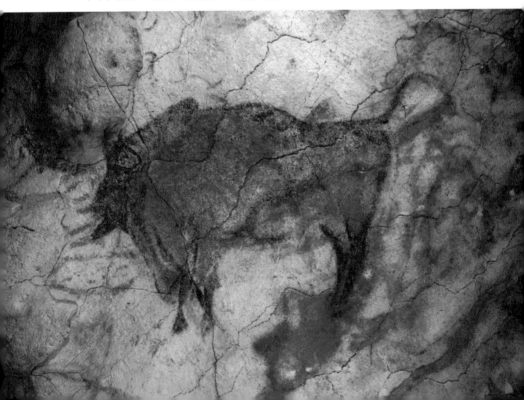

타미라 동굴 벽화에는 소, 말, 사슴 등이 묘사되어 있습니다. 오늘날 학자들은 옛사람들이 벽화를 그려서 사냥이 성공하길 기원했을 것이라고 추측하지요. 두 동굴 벽화에 쓰인 빨강 역시 흙에서 구한 것인데요, 무려 1만 7천 년이 지나서도 색이 남아 있으니 그 생명력에 감탄이 절로 나옵니다.

문명을 건설하기 시작한 인류는 더욱 선명한 빨강을 땅에서 얻게 됩니다. 수은 광맥에서 빨간 돌덩어리를 캐냈거든요. 이 돌을 한자로 '주사(朱砂)' 또는 '진사(辰砂)'라고 부릅니다. 주사로 만드는 색은 빨강과 주황이 약간 섞인 주홍색과 비슷한데요, 중국과 우리나라 등 한자 문화권에서는 주사에서 얻은 빨강을 부적을 그리거나 도장을 찍는 데 사용했습니다. 특히 표면이 매끈하고 광택이 나는 '경면 주사'는 더욱 순수하고 진한 빨강의 재료로서 각광받았지요. 당시에는 경면 주사에서 인체에 좋은 기가 나온다고 믿었기 때문에 경면 주사의 빨강으로 부적을 그려야 효과가 있다고 여겼습니다. 한의학에서는 약재로도 쓰였고요.

한편 주사로 만든 빨간색은 중세 유럽의 기독교 미술에서 가장 신성한 대상에만 쓰였습니다. 빨강은 예수가 흘린 '수난의 피'와 같았기 때문에 예수의 희생과 사제의 권위를 뜻했지요. 주사는 기독교뿐만 아니라 연금술*에서도 남다른 의미를 지녔습니다. 연금술사들은 수은과 황이 세상 만물의 근원이며, 그것들을 정제하면 다른

---

* 고대 이집트에서 시작된 원시적인 화학 기술. 금 같은 귀금속을 제조하고, 나아가 불로불사의 약을 만들려고 했다.

물질을 얻을 수 있을 것이라고 생각했습니다. 연금술사들은 수은과 황으로 금을 만들려고 했지만 금 대신 빨강을 손에 넣었습니다. 수은과 황은 주사의 주요 성분이거든요.

광물뿐 아니라 동식물에서도 빨간색을 얻었습니다. 직물을 염색하는 데 쓰는 빨간 염료는 케르메스 일리키스라는 벌레가 재료였고, 염료의 이름도 벌레에서 따와 '케르메스'였지요. 고대 이집트부터 쓰이던 케르메스는 로마를 거쳐 유럽에 전해졌습니다. 다만 매우 값비싸서 아무나 쓸 수는 없었지요. 직물을 10킬로그램 염색하려면 벌레가 14만 마리나 필요했거든요. 고급품이었기 때문에 중세의 농민들은 영주에게 이 벌레를 소작료로 지불하기도 했답니다.

빨간색 염료를 만드는 재료인 케르메스 일리키스.

빨간색 염료의 재료가 되는 대표적인 식물은 '꼭두서니'입니다. 중국과 우리나라 등지에서 자라는 꼭두서니는 노란 꽃이 피는 덩굴로 뿌리에서 빨간 염료를 뽑아낼 수 있습니다. 꼭두서니 염료의 단점이라면 햇빛에 약해서 직물을 염색해도 얼마 안 가 색이 바랜다는 것이었지요. 그래서 염색이 잘되도록 돕는 매염제로서 백반 등을 첨가하기도 했습니다.

식물성 빨간색 염료에는 브라질우드라는 나무에서 얻는 '브라질레인'도 있습니다. 브라질우드는 이름에서 알 수 있듯 주로 브라질의 해안에서 자라는데요, 16세기 초반 남아메리카에 건너와 이 나무를 본 포르투갈인들은 '불붙은 숯과 같은 나무'라는 의미로 '파우 브라질'이라는 이름을 붙였습니다. 그리고 브라질우드를 채집하는 데 이용한 원주민들은 '브라질레이루'라고 불렀지요. 브라질이라는 나라 이름은 바로 브라질레이루에서 유래했습니다. 결국 브라질의 유래를 따지고 들면 빨간색으로 향하는 셈입니다.

아시아에서는 브라질우드의 친척에 해당하는 다목이 자라는데, 역시 빨간색 염료의 재료입니다. 우리나라에서는 신라 때부터 중국이나 인도 등에서 다목 염료를 수입했다고 하지요.

빨간색을 넘보지 마라

그냥 흰 우유는 못 먹어도 딸기 우유는 잘 먹는 사람들이 많지요?

지금은 아는 사람들도 많지만 딸기 우유가 빨간 빛을 띠는 건 우유 속에 딸기를 넣어서가 아니라 빨간색 색소를 넣었기 때문입니다. 이때 '코치닐'이라는 염료를 쓰는데, 코치닐은 남아메리카의 선인장에 붙어 사는 벌레인 '코쿠스 칵티'로부터 얻습니다. 코쿠스 칵티를 말린 뒤 가루가 되도록 빻고 물이나 알코올로 거르면 코치닐이 만들어지지요. 딸기 우유를 200밀리리터 마시면 벌레를 4마리 먹는 셈이라고 합니다. 저는 처음 알고 나서 한동안은 딸기 우유를 먹기가 꺼려지더군요.

그동안 코치닐은 인체에 해가 없다며 식품과 화장품 등에 널리 쓰였습니다. 그러나 얼마 전부터 알레르기나 비염 등을 일으킬 수 있다고 알려져서 사용량을 줄이고 있지요. 그래도 우리는 조심하면 되니 나은 편입니다. 수백 년 전에는 코치닐 때문에 목숨을 잃은 사람도 있었거든요.

16세기 초반 에스파냐는 지금의 멕시코에 살던 아즈텍족을 정복했습니다. 에스파냐인이 멕시코에서 가장 눈독을 들인 것은 무엇일까요? 황금 같은 귀금속일까요? 아닙니다. 바로 코치닐이었지요. 당시 유럽에서 코치닐은 황금만큼 값어치가 있었습니다. 기존에 쓰던 어떤 염료보다 진한 빨간색을 냈고, 색이 잘 바래지도 않았거든요. 코치닐은 그 전까지 유럽에서 주로 사용하던 케르메스보다 여러모로 훨씬 우수했습니다. 게다가 한창 섬유 산업이 발전하며 염료 소비가 늘어나고 있던 때였지요.

에스파냐는 코치닐의 제조법을 철저히 숨겼습니다. 자기들이 이

Fig. 1. Indio que recoge la Cochinilla con una colita de Venado, *Fig 2.* dicha. *Fig. 3.* Xicalpeſtle en que aparan la Cochinilla.

선인장에 붙어 있는 코쿠스 칵티를 채집하는 멕시코인. 18세기 말에 그려진 그림이다.

익을 독점하고 싶었겠지요. 그래서 영국, 프랑스, 네덜란드 등에서는 코치닐 때문에 에스파냐 무역선을 약탈하는가 하면, 제조법을 알아내려고 스파이를 보내기도 했습니다. 이에 에스파냐는 코치닐을 허락 없이 국외로 내보낼 수 없도록 하고, 이를 어기면 사형까지 내렸지요. 18세기 후반까지 200년 동안 그렇게 코치닐의 비밀은 지켜졌습니다. 어떤 사람들은 나무 열매가 코치닐의 재료이지 않을까 추측하기도 했다지요.

이쯤에서 의문이 들 겁니다. 목숨보다 소중한 건 없는데, 왜 위험을 무릅쓰고 빨간색에 집착했을까요? 빨간색에 유독 특별한 의미가 있었기 때문입니다. 유럽에서는 고대부터 중세까지 빨강이 왕과 귀족 같은 상류층을 상징하는 색이었거든요. 요즘이야 자기 취향대로 옷의 색을 선택하지만, 예전에는 전 세계 대부분 지역에서 신분과 직위에 따라 옷의 색이 정해져 있었습니다. 예를 들어 고대 로마에서는 도시에서 가장 권력이 강한 사람을 '코치나티'라고 불렀는데, '빨간 옷을 입은 사람'이라는 뜻이었지요. 상류층이 독점하면서 빨간 옷은 힘과 권력을 상징하게 되었습니다. 로마 제국에서는 신분이 낮은 사람이 빨간 옷을 함부로 입으면 사형을 내리는 법이 있기도 했지요.

그럼 상류층은 왜 하필 빨간 옷을 입었을까요? 이유는 간단합니다. 가장 비싼 염료였거든요. 앞서 등장한 빨강 염료의 원료들은 모두 구하기 어려운 데다 힘들게 모아도 염료는 아주 조금밖에 얻지 못합니다. 빨강을 손에 넣기 어려운 만큼 비싼 게 당연했지요.

사실 지금도 빨강에는 예전의 성격이 남아 있습니다. 영화제 등에서 배우와 감독들이 레드 카펫 위를 걸으며 입장하는 장면을 본 적 있지요? 빨간 카펫 덕에 축제의 주인공들이 한층 돋보였을 겁니다. 저도 예전에 오페라 하우스와 호텔에 깔린 빨간 카펫 위를 걸어 봤는데요, 누가 보지도 않는데 제가 특별해진 것 같아서 자연스레 허리가 꼿꼿이 펴지더군요. 이 밖에도 상패를 장식할 때는 빨간 리본을 쓰는 등, 빨간색이 권위를 더하는 사례는 많습니다. 여러분도 주변에서 빨강이 어떻게 쓰이는지 찾아보면 재미있을 겁니다.

빨강을 대중에게 퍼뜨리다

빨강 염료를 일부가 독점했다는 옛사람들의 이야기는 우리에게 너무나 생소합니다. 요즘은 염료가 비싸서 엄두를 못 내는 경우는 거의 없으니까요. 빨강은 언제부터 대중에게 퍼졌을까요? 19세기 중반 유럽으로 돌아가 봅시다.

1856년은 특별한 일이 일어난 해입니다. 사상 처음으로 합성염료가 개발되었거든요. 영국의 왕립화학대학 학생이던 윌리엄 퍼킨은 우연히 '모브'라는 보라색 염료를 만들어 냈습니다. 퍼킨이 만든 모브는 천연염료보다 훨씬 저렴했고 색도 뒤떨어지지 않았지요. 모브의 성공을 계기로 전 유럽에서 합성염료 개발 경쟁이 시작되었습니다. 더 이상 벌레를 수만 마리씩 잡을 필요가 없어졌지요. 모브가 발명되고 3년 뒤인 1859년, 프랑스 화학자 베르갱은 빨간색 염료인 '마젠타'를 개발해 냅니다. 본래 다른 이름을 붙였는데 그해에 프랑스가 이탈리아 마젠타 마을 근처의 전투에서 오스트리아에 승리하자 기념으로 이름을 바꿨다고 하지요. 빨간색이라고 했지만 엄밀히 말해 마젠타는 자주색에 가깝습니다.

1868년 독일의 화학 회사 바스프가 '알리자린'을 합성해 냅니다. 원래 알리자린은 꼭두서니의 뿌리에서 얻던 빨간 색소의 이름입니다. 바스프는 자신들의 색이 자연의 색에도 밀리지 않는다고 자부했기에 그 이름을 사용했을 겁니다. 합성 알리자린을 만드는 비용은 천연 알리자린의 절반밖에 되지 않았습니다. 그래서 합성 알리자린이 시장에 나오자 단 하루 만에 천연 알리자린의 가격이 폭락했지요. 비로소 빨강이 대중의 색이 된 것입니다. 하지만 꼭두서니를 재배하던 사람들은 막대한 피해를 입었습니다. 특히 꼭두서니 농가가 많던 프랑스는 합성염료에 맞서 천연염료를 지키려고 갖은 방법을 썼지요. 그중 하나가 군복의 바지를 빨간색 천연염료로 염색한 것인데요, 그 때문에 제1차 세계 대전까지 프랑스 군대는 '빨간 바지'라는 별명으로 불렸습니다.

합성 알리자린 탓에 피해를 입은 사람 중에는 곤충학자로 유명한 파브르도 있습니다. 곤충학자가 왜 합성염료 때문에 손해를 봤는지 의아하지요? 당시 생활고에 시달리던 파브르는 돈을 벌기 위해 꼭두서니에서 염료를 만드는 새로운 방법을 개발해 특허까지 등록했습니다. 그런데 몇 년 지나지 않아서 합성 알리자린이 개발되며 파

Le Petit Journal

ADMINISTRATION
61, RUE LAFAYETTE, 61

Les manuscrits ne sont pas rendus

On s'abonne sans frais
dans tous les bureaux de poste

5 CENT.

SUPPLÉMENT ILLUSTRÉ

26ᵉ Année

5 CENT.

ABONNEMENTS

SEINE et SEINE-ET-OISE.. 2 fr. 3 fr. 50
DÉPARTEMENTS............. 2 fr. 4 fr.
ÉTRANGER.................. 2 50 5 fr.

Numéro 1.254

DIMANCHE 3 JANVIER 1915

LE NOUVEL AN SUR LE FRONT
Les petits cadeaux entretiennent l'amitié entre officiers et soldats

제1차 세계 대전에 참전한 프랑스 군대를 묘사한 당시 신문.
프랑스 군대는 전투에서 눈에 띈다는 단점이 있음에도 100년 가까이 빨간 바지를 고집했다.

브르의 특허가 쓸모없게 되어 버립니다. 그 뒤 파브르가 곤충 연구에 전념하여 『파브르 곤충기』를 썼다는 사실을 생각하면, 외려 합성 알리자린이 개발되어 다행인지도 모르겠네요.

맛있는 빨강, 열정적인 빨강

지금까지 빨간색의 역사를 살펴봤으니 이번에는 빨강이 과연 사람들에게 어떤 영향을 주는지 알아볼까요?

빨강은 식욕을 자극하는 대표적인 색입니다. 떡볶이, 비빔밥, 김치찌개 같은 음식은 사진만 봐도 군침이 돌지 않나요? 실제로 사람은 입보다 먼저 눈으로 음식을 먹는데요, 빨강이나 주황은 보기만 해도 뇌를 자극합니다. 자연에서 과일을 찾던 선사 시대 사람들의 경험이 유전자에 새겨져 있기 때문이라고 하지요. 식욕이 없다면 빨간 꽃을 식탁에 두거나 빨간 그릇을 써 보세요. 그것만으로도 입맛이 다시 살아날 테니까요.

빨강은 식욕뿐 아니라 열정의 색이기도 합니다. 이탈리아의 경주용 자동차는 대부분 빨간색이고, 권투 선수의 글러브도 전통적으로 빨간색이지요. 여성들은 더 생기 있고 정열적으로 보이기 위해 빨간 립스틱을 사용하기도 하고요. 우리의 전통 혼례에서 신부가 빨간색 연지를 바르는 것도 젊음을 상징하기 때문입니다. 일부 언어에서 빨간색은 여성의 화장과 같은 단어로 쓰이기도 합니다. 예를 들어 프랑스어로 빨강을 뜻하는 '루주(Rouge)'는 동시에 립스틱을 가리키기도 하지요.

열정이라 하면 사랑을 떠올리는 사람도 많겠지요. 그래서 빨강은 오래전부터 뜨거운 사랑을 상징하는 색으로 쓰였는데요, 사랑하는 이에게 빨간 장미를 선물하는 것은 자신의 열렬한 마음을 전하는 대표적인 방법입니다. 사랑을 상징하는 기호로 빨간 하트를 쓰는 것도 심장을 가득 채운 피가 누군가를 사랑하는 마음으로 해석된 것이고요.

열정 넘치는 뜨거운 색이기 때문인지 빨강은 특히 추운 지방에서 긍정적인 색으로 여겨집니다. 늘 추위에 시달리는 사람들에게 빨강은 보기만 해도 따뜻함을 선사하는 고마운 색이었겠지요. 대표적인 예는 러시아 모스크바에 있는 '붉은 광장'입니다. 광장 주위에 크렘린 궁전과 성 바실리 대성당, 레닌의 묘 등이 있어서 모스크바에 여행을 가면 꼭 들르는 명소이지요. 흔히 소련 시절 붉은 광장에서 공산당의 행사가 자주 열렸기 때문에 공산당을 상징하는 빨간색이 광장의 이름에도 쓰였다고 생각하지만, 실은 그렇지 않습니다. 붉은 광장은 러시아어로 '크라스나야 플로시차드(Красная площадь)'라고 하는데요, '크라스나야'는 빨강과 더불어 '아름다운', '좋은' 등의 뜻도 지니고 있거든요. 처음 광장에 이름을 붙인 17세기에만 해도 '아름다운 광장'이라는 의미였다고 하지요. 나중에 영어로 번역되면서 '레드 스퀘어(Red Square)', 즉 붉은 광장이 된 것입니다.

주변의 건물들과 함께 아름다운 광경을 자랑하는 모스크바의 붉은 광장.

행운의 빨강, 불운의 빨강

　빨강은 동양과 서양을 가리지 않고 복을 부르는 색으로 여겨졌습니다. 특히 중국에서는 그런 점이 두드러집니다. 중국에 가 보면 집집마다 벽이나 문에 빨간 종이가 붙어 있는데요, 그 종이에는 위아래를 뒤집은 '복(福)' 자가 적혀 있습니다. 우리나라의 중국 요릿집에 가 봐도 같은 장식을 자주 볼 수 있지요. 집 안으로 복이 들어오길 기원하는 부적이라는 것은 추측하기 어렵지 않은데, 왜 한자를 뒤집어서 썼을까요? '거꾸로'를 뜻하는 한자 '도(倒)'와 '도착'을 뜻하는 한자 '도(到)'가 중국어 발음이 '타오'로 같기 때문입니다. 즉

중국에서는 복이 들어오길 바라며 문에 빨간색 부적을 붙인다.

'거꾸로'와 '도착'을 뜻하는 단어의 발음이 똑같다는 점을 이용한
언어유희인 셈이지요. 중국에서는 음력설에 복 자를 쓴 빨간 종이
를 붙이고 저절로 떨어질 때까지 절대 떼지 않습니다. 그래야 집 안
에 복이 들어온다고 믿지요.

　　그렇다면 우리나라에서 빨강은 어떤 의미를 지니고 있었을까요?
중국의 영향을 많이 받은 우리나라에서는 빨간색이 귀신이나 사악
한 것들을 쫓아 준다고 믿었습니다. 앞서도 이야기했지만 액을 막
기 위한 부적은 빨간색으로 그려야만 했고, 동짓날에 팥죽을 쑤어
먹거나 초여름에 봉선화로 손톱을 물들이는 풍습도 귀신과 병을 쫓
기 위한 것이었지요. 빨간 고추를 묶은 줄을 장독에 두르거나 독 속

에 고추를 띄우는 것도 비슷한 의도였고요. 옛사람들은 빨강을 곁에 두면 위험이 피해 갈 것이라고 든든해했습니다.

　서양에서 빨간색은 크리스마스를 상징하는 색입니다. 특히 빨간 옷을 입고 빨간 보따리에서 선물을 꺼내 주는 산타클로스는 크리스마스의 행복을 상징하지요. 다만 지금 우리에게 친숙한 산타클로스는 1931년 미국 음료 회사인 코카콜라의 광고에서 처음 등장했습니다. 그 전까지는 지금처럼 인상 좋고 포근한 할아버지는 아니었지요. 산타클로스의 모델인 가톨릭교회의 성인 니콜라우스 주교는 본래 키가 크고 날렵하며 수염도 없는 모습으로 그려졌습니다. 복장역시 빨간색이 아니었고요. 19세기에는 산타클로스가 파이프 담배를 피우는 통통한 할아버지 또는 굴뚝을 드나들 수 있는 자그마한 요정 등 다양하게 묘사되었습니다. 그러다 코카콜라의 광고를 계기로 우리에게 익숙한 산타클로스가 전 세계에 퍼졌지요. 산타클로스의 복장은 중세 교회 주교들의 빨간 옷에서 유래했다는 설과 더불어 코카콜라가 자신들을 상징하는 색을 사용했을 뿐이라는 주장도 있습니다. 유래는 불분명하지만 산타클로스가 많은 어린이에게 행복을 전한다는 사실은 분명합니다.

　여기까지 보면 빨강에는 항상 좋은 의미만 있었다고 생각할지도 모르겠네요. 하지만 꼭 그렇지는 않았습니다. 서양에서는 머리카락이 빨간색이면 부도덕하거나 악마와 관계가 있다고 보기도 했거든요. 만화 영화든 책이든 『빨간 머리 앤』을 접해 본 사람이 많을 것입니다. 앤 시리즈 첫째 권 제목은 원래 『초록 지붕 집의 앤』(*Anne of*

19세기 초에 그린 산타클로스(왼쪽)와
1931년 코카콜라 광고에 처음 등장한 산타클로스(오른쪽).

Green Gables)이지만 일본에서 만든 만화 영화 때문에 '빨간 머리 앤'
으로 더 많이 알려졌지요. 제 생각에는 앤의 특징을 반영해서 제목
을 적절히 바꾼 것 같습니다. 책을 보면 앤은 동급생 소년 길버트와
크게 싸우고 몇 년간 말도 안 나누는데요, 길버트가 앤의 머리를 붙
잡고 홍당무라고 놀렸기 때문입니다. 앤은 빨간 머리카락에 열등감
을 품고 있었거든요. 앤은 주위 어른들에게서 곧잘 빨간 머리 아이
는 고집이 세고 버릇이 없다는 말을 들었습니다. 그 어른들이 나쁜
사람들이라 그렇게 말한 것은 아닙니다. 당시 서양에서는 대부분의

사람들이 똑같이 생각했지요. 빨간 머리에 대한 좋지 않은 인식은 서양에서 꽤 오래된 편견 중 하나입니다.

중세 유럽에서는 빨간 머리라고 하면 남녀를 가리지 않고 성질이 급하다거나 폭력적이라고 여겼습니다. 심지어 마녀사냥이 유럽을 휩쓸던 시기에는 머리카락이 빨간 여자들을 마녀로 몰아 화형시키기도 했고, 기독교 예술에서도 예수를 배반한 유다의 머리카락을 빨간색으로 묘사하곤 했지요. 인종적으로 빨간 머리가 흔치 않던 독일과 스페인에서는 특히 이러한 편견이 심했습니다.

좀 의아하게 느끼는 사람이 있겠지요. '유럽에서 빨강은 상류층의 색이 아니었나요?' 하고 말입니다. 맞습니다. 저렴한 합성염료가 발명되기 전까지 빨간 옷은 상류층이 독점했지요. 다만 '빨간 피'는 사정이 좀 달랐습니다. 중세 교회에서는 피가 사람을 난폭하게 만들고 성욕을 자극한다며 육식조차 기피하기도 했거든요. 당시 사람들에게 빨간 머리카락은 마치 피가 쏠린 듯이 보였기 때문에 좋지 않게 여긴 것입니다. 겉모습만으로 사람을 평가하고 탄압하는, 이제는 없어져야 할 고약한 편견이지요.

나는 얼마나 많은 빨강을 알까?

여태껏 빨강이라고 했지만, 사실 빨강 안에는 조금씩 다른 색이 수없이 존재합니다. 선명한 빨강, 탁한 빨강, 밝은 빨강, 어두운 빨강을 비롯해 토마토색, 딸기색, 연지색 등 이름도 다양하지요. 사람들이 일상에서 구별하는 빨강은 10가지 정도에 불과하지만, 색채학에서는 빨강을 100여 가지로 구분합니다. 사실 일상에서는 세세한 색의 이름을 몰라도 괜찮습니다. 하지만 디자인이나 회화 같은 분야에서는 미세한 색의 차이가 큰 영향을 미치기 때문에 색이름을 아는 것이 중요하지요. 가령 새로운 옷을 만든 디자이너가 적당히 '포근한 느낌이 드는 빨강'이라고 공장에 전달하면, 공장에서는 정확히 무슨 색인지 몰라 혼란이 일어날 겁니다. 그래서 전문가들은 색을 구분하는 체계를 세우고, 이름을 붙이는 규칙을 정했습니다.

색에 이름을 붙이는 규칙은 크게 두 가지가 있는데요, 먼저 '계통 색이름'이 있습니다. 계통 색이름이란 말 그대로 모든 색의 계통을 나누고 그에 따라 붙인 이름을 뜻합니다. 계통을 나누려면 우선 기준이 필요하겠지요? 가장 큰 기준은 여러분도 잘 아는 유채색과 무채색입니다. 유채색과 무채색도 다시 나뉘며 예컨대 무채색은 하양, 회색, 검정으로 구분하지요. 유채색은 무채색보다 범위가 넓다 보니 조금 복잡합니다. 우리나라에서 사용하는 기본 유채색은 12가지로 빨강, 주황, 노랑, 연두, 초록, 청록, 파랑, 남색, 보라, 자주, 분홍, 갈색입니다. 여기에 색의 성격에 따라 선명한, 흐린, 탁한, 어두운 등의 형용사를 붙이지요. 기본 색이름과 형용사를 조합하면 많은 색이름이 만들어집니다. 색과 색을 조합한 예로는 빨간 주황, 노란 분홍, 형용사와 색을 조합한 예로는 진한 빨강, 흐린 빨강 등이 있지요. 선명한 빨간 주황이라는 식으로 좀 더 복잡하게 조합할 수도 있고요.

색에 이름을 붙이는 두 번째 방법은 사람들의 관습에 따르는 것으로, '관용 색이름'이라고 합니다. '관용'이란 '오랫동안 이어져서 굳어진 대로 쓰는 것'을 의미합니다. 예를 들면 속담은 오랫동안 우리 사회에서 쓰이며 뜻이 굳어진 관용 표현이지요. 색의 이름도 마찬가지인데요, 사람들은 예로부터 자연에서 색의 이름을 따오곤 했습니다. 벚꽃색, 팥색, 복숭아색처럼 식물에서 유래한 이름도 있고, 진주색, 모래색, 루비색처럼 광물에서 빌린 이름도 있지요. 하얀 분홍이라고 말하는 것보다는 벚꽃색이라고 부르는 편이 어떤 색인지 연상하기 쉬운데, 우리나라 사람 대부분이 벚꽃을 알고 있기 때문입니다. 하지만 이 때문에 관용 색이름은 전 세계에서 쓰일 수 없습니다. 나라마다 경험하는 바가 다르니까요. 벚꽃이 자라지 않는 나라에서 벚꽃색이라고 하면 외려 더 헷갈리겠지요. 또한 관용 색이름은 모든 색에 붙이기 어렵습니다. 관용 색이름을 붙이기에는 색이 너무 많거든요. 나만의 경험을 바탕으로 '설익은 귤색' 같은 색이름을 만든들 다 같이 공유할 수는 없겠지요.

마젠타	빨간색	연지색	딸기색	선홍색	토마토색	장미색	팥색	빨간 갈색	어두운 빨간색

우리나라 기술표준원에서 지정한 다양한 빨간색들. 빨간색, 빨간 갈색, 어두운 빨간색 등은 계통 색이름이며, 마젠타, 연지색, 딸기색, 선홍색, 토마토색, 장미색, 팥색 등은 관용 색이름이다.

이름을 아는 것은 소통할 때 가장 중요한 요소 중 한 가지입니다. '두 손가락을 끼워서 종이를 자르는 날카로운 도구'라고 설명하기보다 '가위'라고 하면 훨씬 간편하니까요. 복잡해 보이겠지만 계통 색이름과 관용 색이름은 가장 간단한 체계입니다. 색채학자들은 정밀한 기계로 색들을 분석하여 더더욱 세밀한 체계를 세웠거든요. 하지만 일단 계통 색이름과 관용 색이름부터 시작합시다. 당장은 이 둘만으로도 여러분이 보는 색의 세계가 훨씬 선명해질 겁니다.

2
이름조차 없던 색,
파랑

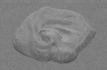

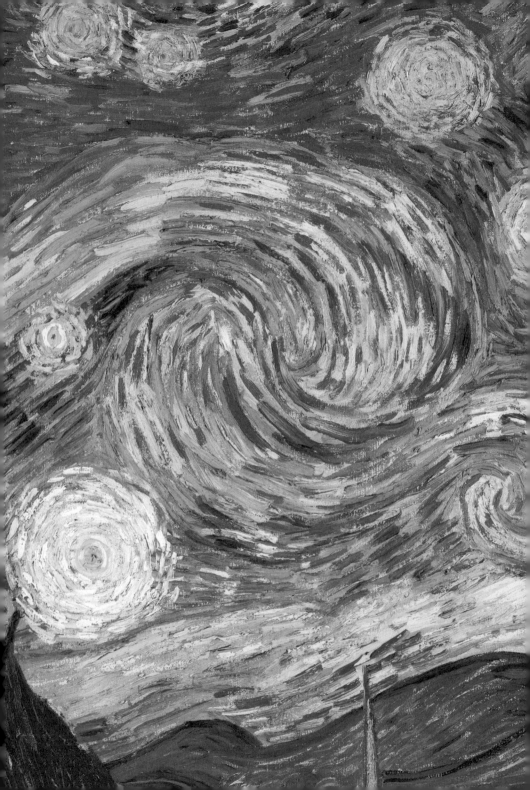

오늘날 사람들에게 좋아하는 색을 물어보면 어떤 색을 가장 많이 꼽을까요? 답은 파랑입니다. 파랑은 색상 선호도 조사에서 언제나 선두에 자리하고 있습니다. 성별이나 연령에 상관없이 가장 많은 사람이 파란색을 좋아한다고 대답하지요. 파랑이 인기 있는 이유는 무엇일까요? 청명한 하늘과 그 아래 끝없이 펼쳐진 맑은 바다를 떠올려 봅시다. 이러한 풍경과 마주하고 있으면 마음이 평온해지지요? 실제로 색채 심리학에서는 파란색이 사람의 마음을 차분하게 진정시켜 준다고 합니다. 그래서 공부할 때는 사람을 흥분시키는 빨간색보다는 파란색 펜을 쓰는 게 좋다는 주장도 있지요. 또한 파란색은 상상력을 풍부하게 키워 주는데요, 2009년 캐나다 브리티시 컬럼비아 대학에서 이뤄진 연구 결과에 따르면 빨간색은 기억력을, 파란색은 상상력을 자극한다고 합니다.

'파랑'이 들어간 단어들은 대부분 긍정적인 뜻을 품고 있습니다. 예를 들어 '파랑새'는 반가운 소식이나 희망, '청신호'는 순조로운 징조를 뜻하지요. 또 파랑은 안정과 신뢰, 밝은 미래를 상징하기도 합니다. 주식 시장에서 우량주는 '블루칩(blue chip)'이라고 부르고, 산업계에서는 성장 잠재력이 큰 시장을 '블루오션(blue ocean)'이라고 하지요. 우리나라의 각 지자체에서 마련한 청소년 안전지대에는 '블루존(blue zone)'이라는 이름이 붙었고요. 긍정적인 인상 덕인지 고객에게 믿음을 주어야 하는 은행이나 보험사, 병원 등은 로고를 만들 때 파란색을 많이 쓰곤 합니다.

이렇듯 일상생활에서 파랑은 믿음직하면서 희망적인 색으로 쓰이지만, 역사를 돌아보면 사람들이 항상 파랑을 좋아했던 것은 아닙니다. 고대에서 중세 초기까지 사람들은 파랑에 그다지 관심을 기울이지 않았고, 심지어 지역에 따라 파랑을 기피하기까지 했지요. 파랑은 인류 역사에서 가장 극적으로 의미가 변한 색이라고 해도 지나치지 않을 텐데요, 이제부터 파랑이 어떤 과정을 거쳐 우리의 삶에서 빠뜨릴 수 없는 색이 되었는지 살펴보겠습니다.

인류 최초의 파랑을 찾아라

고대 인류가 파란색을 어떻게 이용했는지 알아보기 위해서는 이집트로 떠나야 합니다. '투탕카멘의 황금 마스크'를 한 번쯤 들어 보

투탕카멘의 황금 마스크. 두건에 가득한
줄무늬는 당시 파랑이 귀한 색이었음을
보여 준다.

왔지요? 이 가면의 주인은 기원전 14세기 무렵의 이집트 왕 투탕카
멘입니다. 18세라는 어린 나이에 숨진 이 소년 왕의 무덤은 1922년
거의 훼손되지 않은 채 발굴되었는데, 무덤에서 쏟아져 나온 어마
어마한 유물에 전 세계가 깜짝 놀랐습니다. 그중에서도 가장 눈길
을 끈 보물이 바로 황금 마스크였지요. 금으로 이상적인 투탕카멘
의 모습을 표현했다는 가면은 지금도 영롱한 황금빛을 뽐냅니다.
파라오가 쓰고 있는 두건의 이마에는 이집트 상부를 상징하는 독수
리와 이집트 하부를 상징하는 뱀이 함께 장식되어 있습니다. 눈도
단순히 채색한 것이 아니라 흰자위에는 석영, 검은자위에는 흑요석
이라는 암석을 사용했고요.

이 가면을 처음 보면 화려한 황금에 눈길을 뺏기기 쉽지만, 지금은 두건에 가득한 파란색 줄무늬에 주목해 봅시다. 수천 년이 지나도 빛이 바래지 않은 이 우아한 파랑의 정체는 무엇일까요? 이 파란 줄무늬는 일종의 유리로, 인공 보석 '이집트 파이앙스'입니다. 당시 이집트인들은 모래와 석회와 구리를 원료로 파란색을 내는 새로운 안료,* 즉 '이집트 블루'를 만들어서 사용했습니다. 청금석(라피스 라줄리)으로 만드는 천연 안료도 있었지만, 청금석은 이집트에서 나지 않는 귀중한 준보석이라 그 대용품으로 이집트 블루를 개발했지요. 최초의 인공 안료인 이집트 블루는 투탕카멘의 마스크를 비롯해 장식품이나 장례용품을 칠하는 데 쓰였습니다. 고대 이집트 사람들은 파랑이 악한 기운을 몰아내고 번영을 가져다준다고 믿었지요.

이번에는 이집트의 동쪽에 있던 신바빌로니아 왕국으로 가 볼까요? 신바빌로니아 왕국은 기원전 7세기에 아시리아를 멸망시키고 바빌로니아 왕국을 계승했습니다. 오늘날 이라크의 수도 바그다드 인근에 위치했던 바빌론을 중심 도시 삼아 발전했지요. 우리가 눈여겨볼 유적은 신바빌로니아 왕국의 2대 왕 네부카드네자르 2세가 지시하여 만들었다는 '이슈타르 문'입니다. 이슈타르 문은 바빌론 성벽에 만들어진 8개의 문 중 하나입니다. 이슈타르는 메소포타미아 신화에 등장하는 여신으로 미, 연애, 풍요, 다산, 전쟁 등을 관장한다고 하지요. 독일 베를린의 페르가몬 미술관에는 이슈타르 문의

---

* 물감, 잉크, 페인트 등의 재료인 색을 띠는 분말. 안료는 물에 녹지 않는다는 점에서 염색에 쓰이는 염료와 다르다.

일부가 복원된 이슈타르 문. 선명한 파란색 바탕에 소와 용 등이 장식되어 있다.

일부가 복원되어 있습니다. 눈길을 끄는 건 역시 문을 만드는 데 쓰인 파란색 벽돌인데요, 이 벽돌은 파란색 유약을 칠한 뒤 구운 것입니다. 이슈타르 문에 쓰인 파랑의 재료는 앞서 잠깐 언급했던 청금석입니다. 보석이나 다름없는 청금석을 아낌없이 사용했을 정도이니, 이슈타르 문이 바빌론에서 얼마나 중요했을지 짐작이 되지요.

반전 드라마의 주인공, 파란색

고대 이집트나 신바빌로니아 왕국에서는 파란색이 그리 홀대당한 것 같지 않습니다. 왕의 부장품이나 수도의 성문에 아무 색이나 썼을 리는 없으니까요. 하지만 고대 그리스와 로마에서 파란색은 사뭇 다른 의미를 지녔습니다. 아예 파란색에는 관심도 없었다는 게 더 알맞은 표현이겠네요. 그리스어와 라틴어에는 파란색을 가리키는 단어가 없었거든요. 파랑은 초록과 비슷한 색으로 여겨졌지요. 고대 그리스인은 하늘을 그릴 때도 파란색이 아니라 하얀색이나 황금색으로 표현했습니다. 오늘날 파란색이 그리스를 상징하며 국기에도 쓰인다는 사실을 떠올려 보면 꽤나 아이러니하지요. 그렇다면 고대 그리스 사람들은 눈이 이상해서 파란색을 제대로 보지 못했던 걸까요? 그건 아닙니다. 냉정히 생각해 보면 선명한 파란색은 자연에서 접하기 어려운 색입니다. 흔히 파랗다고 하는 바다나 하늘에도 파랑을 비롯해 수많은 색이 있지요. 게다가 당시 그리스에서는 원료와 기술 문제로 파란색 염료나 안료를 만들지 못했고요. 고대 그리스에서는 파란색이 흔하지 않았기 때문에 빨간색처럼 하나의 색으로 정의할 필요가 없었다고 하는 편이 타당하겠습니다.

고대 로마에서는 한술 더 떠서 파랑을 미개인의 색으로 취급하며 거의 쓰지 않았습니다. 로마와 자주 충돌하던 켈트족이나 게르만족이 전쟁터에서 온몸에 파란색을 칠했기 때문이지요. 그래서인지 로마인은 눈이 파란 사람을 추하다고 생각했습니다. 이후로도 유럽에서 파랑은 상류층에게 버림받은 채 신분이 낮은 사람들의 색으로 명맥을 유지합니다.

파란색의 지위에 반전이 일어난 것은 중세 교회 덕분이었습니다. 중세에 접어들며 기독교 성직자들은 신에게 경의를 표시하기 위해 빛을 이용했습니다. 신이 빛을 이용해 이 세상에 권능을 보여 준다고 생각했거든요. 이 무렵부터 교회의 창에 염색한 색유리가 끼워졌습니다. 색유리를 통과한 빛은 평소와 달리 눈에 뚜렷이 보였지요. 그리고 여러 색의 유리를 이용하여 성경에 등장하는 장면을 묘사했습니다. 바로 '스테인드글라스'입니다. 파랑은 중세 교회의 스테인드글라스에서 중요한 의미를 지닌 색이었습니다. 신성한 천상의 세계나 성모 마리아의 옷이 주로 파란색으로 묘사되었거든요. 당시 교회에서는 성모 마리아를 열렬히 숭배했기 때문에 파랑의 지위도 덩달아 눈에 띄게 올라갔습니다. 비로소 파랑이 독립된 색으로서 가치를 인정받은 것이지요.

스테인드글라스를 통과한 빛이 자아내는 신비로운 분위기는 중세 교회의 대표적인 특징 중 하나입니다. 가장 화려한 스테인드글라스를 뽐내는 곳은 프랑스의 샤르트르 대성당으로, 색유리로 장식된 유리창이 무려 176개나 있습니다. 스테인드글라스 덕에 유네스코 세계 문화유산에도 등재되었지요. 이 성당에 쓰인 파란색 유리는 오묘하며 깊은 빛을 만들어 내서 '샤르트르 블루'라고도 일컬어지는데요, 특히 남쪽 창에 묘사된 성모 마리아에는 아예 '파란 성모'(Blue Virgin)라는 별명이 붙었습니다.

샤르트르 대성당의 남쪽 창에 묘사된 성모. 왕관을 쓴 성모가 파란 옷을 입고 있다.

교회를 시작으로 파랑은 중세 시대의 왕과 귀족들 사이에 빠르게 퍼져 나갔습니다. 12세기에는 처음으로 프랑스의 카페 왕조가 가문의 문장에 파란색을 도입합니다. 파란 바탕에 성모 마리아의 또 다른 상징인 백합꽃 문양이 들어간 문장은 이후 프랑스 왕가를 대표하게 되지요. 또한 기술이 발전하면서 이전보다 밝고 화사한 파란색 염료가 만들어지자, 본격적으로 상류층의 의상에 파랑이 쓰이기 시작했습니다. 13세기 프랑스의 루이 9세와 영국의 헨리 3세는 군주로서는 처음으로 파란 옷을 입었지요.

14세기 중반, 인기가 높아진 파랑은 빨강과 라이벌이 되기에 이릅니다. 고대에는 이름도 없던 색이 최초의 색과 어깨를 나란히 하게 되었지요. 꼭두서니로 빨간색 염료를 만들던 사람들은 당황할 수밖에 없었습니다. 당시 염료 상인들은 빨강과 파랑 중 한 가지만 취급했는데요, 위기감을 느낀 빨간 염료 상인들은 스테인드글라스 직공들에게 악마나 지옥을 파란색으로 표현해 달라고 요구했습니다. 그래도 파란색 열풍을 막을 수는 없었지요. 결국 16세기 후반에는 대부분의 군주들이 파란 옷을 애용했고, 빨간 옷은 교황 등 일부만 입게 되었습니다.

14세기 말까지 유럽에서 만들어진 염료 중 4분의 3은 빨간색과 관련이 있었다고 합니다. 그러다 18세기 초에는 파란색이 빨간색을 앞지르지요. 회화에 쓰는 안료도 르네상스 시대까지는 빨강이 더 많이 만들어졌지만 차차 파랑이 역전했고요. 파랑의 인기가 계속해서 올라갔던 것은 사람들의 사고방식과 사회 질서에 맞춰 파랑의 의미도 변했기 때문입니다. 봉건제를 타파한 18세기 프랑스 혁명 등에서 파랑은 새로운 가치인 진보, 꿈, 자유 등을 상징했거든요. 특히 당시 독일 낭만주의자들은 파란색을 숭배하다시피 했습니다. 독일의 작가 괴테가 쓴 소설 『젊은 베르테르의 슬픔』에서 주인공 베르테르는 파란 상의와 노란 조끼를 즐겨 입는데, 소설이 크게 인기를 얻으면서 베르테르의 옷차림이 전 유럽에 유행합니다. 그 후 수십 년 동안 파란색은 각종 문학 작품에 등장하며 낭만적이면서도 우수에 가득 찬 색으로 인기를 끌었습니다.

금보다 값어치 있는 파랑

존재감 없던 파랑이 가장 인기 있는 색으로 등극하는 과정이 드라마틱하지요? 그런데 예전에는 어떻게 파란색을 얻었을까요? 지금부터는 회화 등에 쓰인 파란색 안료에 대해 알아보겠습니다.

17세기의 네덜란드 화가 요하네스 페르메이르의 대표작 「진주 귀고리를 한 소녀」는 지금도 많은 사랑을 받고 있습니다. 맑은 눈동자를 지닌 소녀와 커다란 진주 귀고리가 신비로운 분위기를 풍겨서 '네덜란드의 모나리자'라고도 불리지요. 그에 못지않게 눈길을 사로잡는 건 소녀가 머리에 쓴 파란 터번입니다. 빛을 그렸다고 평가받는 화가 페르메이르가 애용한 파란색 안료의 이름은 '울트라마린'입니다.

페르메이르의 대표작인
「진주 귀고리를 한 소녀」.

중세와 르네상스 시대의 화가들은 울트라마린을 애지중지하면서 아껴 썼습니다. 매우 비싼 안료였기에 윤곽만 강조하거나 아주 얇게 겉칠을 하는 등 돋보여야 하는 부분에만 사용했지요. 성모 마리아 등 중요한 인물의 의상에만 쓰기도 했고요. 우리말로 '군청'이라 부르는 울트라마린은 무게당 가격이 금과 같았고, 최상품은 금보다 비쌌습니다. 울트라마린의 재료가 청금석이었기 때문입니다. 준보석을 갈아 만들었으니 안료라기보다 사치품에 가까웠지요. 울트라마린이라는 이름은 '바다 저편'을 뜻하는 라틴어에서 유래했는데요, 유럽 상인들이 아프가니스탄에서 캐낸 청금석을 바닷길로 수입해 와서 이런 이름이 붙었다고 합니다.

르네상스 시대의 화가들은 비싸고 구하기 어려운 울트라마린을 대신할 안료를 찾았습니다. 그래서 좀 더 싼 아주라이트를 사용하기도 했지요. 아주라이트는 남동석이라는 구리 광물을 갈아서 만든 안료입니다. 아주라이트는 시간이 지나면 점차 칙칙하고 어둡게 변색되는 단점이 있었지만, 초록빛을 머금은 파란색이 그 나름 매력적이라 바다를 그릴 때 많이 쓰였습니다.

도깨비 같은 코발트블루

우리나라에서는 파란색이 어떻게 쓰였을지 생각해 봅시다. 뭔가 떠오르는 것이 있나요? 저는 하얀 도자기에 파란 무늬나 그림이 그려져 있는 '청화 백자'가 가장 먼저 생각나네요. 그런데 백자에 왜 빨강이나 노랑으로 그림을 그리지는 않았을까요? 파랑을 너무나도 좋아했기 때문일까요? 그렇지는 않습니다. 온도 때문이었지요. 백자를 구울 때 가마의 온도가 1,300도 넘게 올라가는데, 그 온도까지 견디는 안료가 파란색밖에 없었거든요. 청화 백자에 쓰인 파랑은 코발트라는 금속이 포함된 광석을 가공하여 얻은 것입니다.

코발트에서 얻은 파란색, 즉 '코발트블루'는 기원전 2000년 무렵부터 유리를 염색하는 데 사용되었습니다. 스테인드글라스의 파랑도 코발트블루로 염색한 것이지요. 코발트블루로 염색한 유리를 갈아서 '스몰트'라는 안료를 만드는데, 중국과 우리나라에서는 '소마

국보 제170호인 「백자 청화 매화 대나무 새 무늬 항아리」.
백자의 은은한 하얀색과 진한 코발트블루가 어우러져 우아한 아름다움을 뽐낸다.

리청' 또는 '회회청'이라고 불렀습니다. 이 회회청이 바로 청화 백자에 쓰인 안료입니다. '회회'는 이슬람교도를 일컫는 말로서, 회회청이란 '이슬람 사람들에게서 수입한 파란색'이라는 뜻입니다. 다만 언제부터 회회청을 수입했는지는 불분명합니다.

조선 초기에 청화 백자는 왕실과 중앙 관청 등에서만 사용했지만, 그래도 회회청의 비싼 가격은 부담스러웠습니다. 그래서 회회청을 대신할 안료인 토청(土靑)을 개발해 냈지요. 다만 토청의 파란색은 비교적 탁했기 때문에 완벽하게 회회청을 대체하지는 못했습니다. 초창기 청화 백자의 그림은 회회청을 아끼기 위해 여백이 많고 간결했지만, 조선 후기에는 토청이 자리를 잡고 안료 수입이 원활해지면서 좀 더 복잡한 그림도 그려졌습니다. 그런데 화려함이 지나친 탓에 외려 둔하고 번잡해져서 초창기 청화 백자보다 못하다는 평가를 받기도 합니다.

코발트블루는 보라색이 약간 감돌아서 매우 강렬하지만 유럽의 화가들에게는 그다지 인기가 없었습니다. 몇몇 화가들이 스몰트를 사용했는데 캔버스에 착색이 제대로 안 되고 바탕이 비치는 등 단점이 더 많았거든요. 코발트블루는 프랑스 화학자 테나르가 합성에 성공한 19세기 초에서야 회화 안료로 주목을 받습니다. 합성 코발트블루의 장점은 보존성이 탁월하여 시간이 지나도 빛이 바래지 않는다는 것입니다. 빈센트 반 고흐도 합성 코발트블루를 애용했는데, 뛰어난 보존성 덕에 작품의 매력이 지금까지 잘 남아 있지요. 고흐의 작품 중 「별이 빛나는 밤」이나 「까마귀가 있는 밀밭」에는 강렬

고흐의 「별이 빛나는 밤」은 코발트블루의 매력을 엿볼 수 있는 대표적인 회화다.

한 코발트블루가 듬뿍 쓰였습니다.

제 친구는 「별이 빛나는 밤」을 실제로 보고 "도깨비라도 나올 것 같다."라고 하더군요. 코발트블루로 채색한 밤 풍경이 으스스하게 느껴졌던가 봅니다. 그런데 저는 그 감상을 듣고는 코발트의 기원이 떠올라 한참 웃었답니다. 코발트의 이름이 독일어로 도깨비를 뜻하는 '코볼트(Kobold)'에서 비롯되었거든요. 좀 뜬금없겠지만 그럴 만한 이유가 있었지요. 광산에서 캐내는 코발트 광석은 은 광석과 비슷하게 생겼습니다. 코발트 광석을 찾아낸 독일 광부들은 은을 찾았다고 기대하며 제련했는데, 은이 나오기는커녕 쓸모없는 파란색 물질만 얻었지요. 게다가 코발트 광석에 포함된 비소 때문에 유독 가스가 발생해 건강도 해쳤고요. 그래서 코발트 광석을 사람에게 장난치는 도깨비에 비유하여 불렀다고 합니다.

파란색을 널리 퍼뜨려라

합성 코발트블루를 이야기했으니 인공적으로 만들어진 파란색 안료를 좀 더 소개해 볼까요? 코발트블루보다 앞서 처음 합성된 파란색 안료는 '프러시안블루'입니다. 1704년 독일 베를린에서 발명되어서 '베를린블루'라고도 하지요. 짙은 파랑인 프러시안블루는 염료 제조업자 디스바흐가 빨간 안료를 실험하다가 우연히 발견했습니다. 복사 기술이 발전하기 전에는 건축 도면을 복사할 때 청사진을 썼는데요, 청사진의 바탕에 칠한 안료가 프러시안블루입니다.

요즘은 프러시안블루가 안료가 아닌 약으로 각광받고 있습니다. 2011년 동일본 대지진 직후 후쿠시마 원자력 발전소에서 일어난 사고를 다들 기억하겠지요. 여전히 방사능에 대한 공포가 가시지 않고 있습니다. 이 사고에서 방사능에 노출된 사람들에게 응급 약품으로 제공된 것이 프러시안블루입니다. 프러시안블루를 복용하면 몸속에 있는 방사능 물질이 좀 더 빨리 배출되거든요. 예를 들어 세슘-137은 몸에서 절반이 빠져나가는 데 110일이 걸리지만 프러시안블루를 복용하면 그 기간이 30일로 줄어듭니다.

1826년에는 화가들이 만세를 외칠 만한 일이 있었습니다. 프랑스의 장바티스트 기메가 합성 울트라마린을 발명해 냈거든요. '프렌치 울트라마린'이라는 이름으로 판매되었는데, 천연 울트라마린보다 10배나 저렴해서 많은 화가들이 아낌없이 펑펑 썼지요. 하지만 천연과 합성은 미묘하게 색이 달라서 여전히 천연 울트라마린을 찾는 화가들도 많습니다.

파란색을 몸에 두르다

지금까지 회화나 도자기 등 안료로 쓰이는 파란색을 다루었지요. 이제는 자주 몸에 걸쳐서 친숙한 파란색을 이야기할까 합니다. 바로 옷을 염색하는 데 쓰이는 파란색 염료입니다.

앞서 빨간색 염료는 매우 비쌌기 때문에 상류층이 독점했다고 했습니다. 왠지 파란색도 비슷했을 것 같지요. 왕들이 파란 옷을 애용했다고도 했으니까요. 그런데 재미있게도 파란 옷은 유럽에서 모든 계층이 즐겨 입었습니다. 울트라마린 같은 안료와 달리 염료에 있어서는 파랑이 흔하디흔한 색이었지요.

파란색이 염료로 쉽게 쓰인 것은 우리나라에서 남색이라고 부르는 '인디고블루' 덕이었습니다. 인디고블루의 원료는 지역마다 조금씩 달랐는데요, 유럽에서는 대청, 인도에서는 인디고페라, 그리고 우리나라에서는 쪽이 주로 쓰였습니다. 원료가 무엇이든 인디고블루는 염색한 직물이 햇빛 아래에서 산소를 머금을 때 비로소 색이 나타납니다. 햇빛을 받아야 만들어지는 색이라서 비교적 잘 바래지 않는 장점이 있지요. 이미 기원전 3000년 무렵부터 인더스 강 인근에서는 인디고페라에서 얻은 파란색으로 직물을 염색했다고 합니다.

'쪽빛 하늘'이나 '쪽빛 바다'라는 표현에서 알 수 있듯 쪽으로 만든 인디고블루는 우리나라에서도 널리 쓰였습니다. 삼국 시대 기록에 남아 있으니 역사가 2,000년 가까이 되지요. '제자나 후배가 스승이나 선배보다 뛰어나다.'라는 뜻인 사자성어 '청출어람(靑出於藍)'의 '남(藍)'은 쪽을 나타내는 한자입니다. 쪽에서 뽑은 파랑이 그 풀잎보다 선명한 것을 스승과 제자의 관계에 빗댄 말이지요.

유럽에서는 오랫동안 대청에서 인디고블루를 얻었습니다. 로마와 적대한 켈트족이 전투에 앞서 온몸에 파란색을 칠했다고 했지

인디고블루로 염색한 뒤 건조하고 있는 실타래들.

요? 바로 대청에서 얻은 인디고블루였습니다. 대항해 시대에 접어
들면서 인도의 인디고페라가 유럽으로 수입됩니다. 인디고페라는
줄여서 '인디고'라고도 하는데요, 대청보다 30배나 짙은 파란색을
냅니다. 사실 인디고로 만든 염료는 고대 로마 때부터 인도에서 유
럽으로 건너갔습니다. 다만 워낙 양이 적었고, 염료의 재료가 식물
인 줄도 몰랐지요. 그도 그럴 게 처음 유럽으로 건너간 것은 벽돌 모
양으로 굳힌 파란색 염료였거든요. 유럽 사람들은 식물이 재료라고
는 생각하지 못했고, 한때는 광산에서 캐낸 돌로 염료를 만들었을

것이라고 추측했습니다.

대청보다 훨씬 뛰어났지만 인디고가 처음부터 유럽에서 환영받지는 않았습니다. 이미 유럽에는 대청 재배로 생계를 꾸리는 사람들이 많았거든요. 17세기 프랑스에서는 자국의 대청 농업을 보호하려고 인디고로 만든 염료를 쓰면 사형을 시키기도 했습니다. 같은 시기 독일에서는 인디고에서 얻은 파랑을 '악마의 색'이라며 금지했고요. 영국의 엘리자베스 1세 역시 한때 영국에서 인디고를 모두 없애 버리려고 했지요. 이런 노력에도 불구하고 인디고의 인기를 막을 수는 없었습니다. 대청보다 월등히 색이 진하니 당연한 결말이었겠지요. 결국 유럽에서 대청 농가들은 사라졌고 나중에 영국은 식민지 인도의 농토 절반을 인디고 경작에 쓰다시피 했는데, 그런데도 염료 생산량이 모자랐다고 합니다.

인디고블루는 1880년 독일 화학자 아돌프 폰 바이어에 의해 합성염료가 만들어집니다. 얼마 지나지 않아 바스프 사는 합성 인디고블루를 대량 생산하기 시작했지요. 값싼 합성염료는 인디고페라로 만든 천연염료를 대체했고, 1970년경에는 천연 인디고블루의 대량 생산이 중단되었습니다.

산업 혁명이 한창이던 유럽에서는 인디고블루가 일상과 노동을 상징했는데요, 노동자들이 인디고블루로 염색한 옷을 즐겨 입었기 때문입니다. 생산직에 종사하는 노동자들을 일컫는 '블루칼라(bluecollar)'라는 말도 인디고블루로 염색한 옷에서 유래했지요. 인디고블루로 염색한 옷 중에서 우리에게 가장 친숙한 것은 역시 청

인디고블루로 물들인 청바지는
오늘날 가장 많이 사랑받는 옷이다.

바지입니다. 다들 옷장을 열어 보면 한두 벌쯤 파란색 청바지, 즉 블
루진(blue jeans)이 있겠지요. 블루진은 '제네바 상인의 파랑'(blue de
Genes)이라는 말에서 유래했습니다. 오래전 인디고 무역의 중심지
가 제네바였기 때문입니다. 미국에서 광산 노동자와 카우보이들이
입던 청바지는 오늘날 누구나 부담 없이 입을 수 있는 옷으로 전 세
계에서 유행하고 있습니다. 일부러 색을 바래게 하거나 구멍을 내
는 등 개성을 드러내는 방식도 다양하지요.

청바지와 파랑은 닮은 구석이 많습니다. 파랑이 이름도 없던 색에서 가장 많은 사람이 좋아하는 색이 되었듯, 청바지도 저렴하고 튼튼한 옷에서 누구나 즐겨 입는 옷이 되었으니까요. 청바지만 보아도 파랑의 전성기는 앞으로 계속 이어질 것 같습니다.

3
세상의 중심에
자리한 색,
노랑

'노란색'이라 하면 어떤 인상이 드나요? 저는 먼저 따뜻한 봄이 생각납니다. 노란 산수유나무 꽃과 개나리꽃을 보면 겨울 동안 움츠러들었던 몸과 마음이 녹지요. 밝고 찬란한 태양도 연달아 떠오르네요. 사실 햇빛에는 색이 없지만 사람들은 보통 노란색으로 생각합니다. 여러분도 어렸을 때부터 태양을 그리면 노란색으로 칠하지 않았나요? 따뜻하고 밝은 인상 덕분인지 노란색 옷을 입으면 나도 모르게 명랑해지고 자신감이 샘솟는 데다 무슨 일이든 잘될 듯한 낙천적인 기분이 듭니다. 그래서 색채학자들은 노란색과 관련한 단어로 환희, 희망, 빛, 포근함, 잘 익은 곡식 등을 꼽기도 합니다. 우리에게 익숙한 스마일 마크가 노란색인 것도 노랑이 사람들에게 긍정적인 감정을 불러일으키기 때문이지요.

　하지만 노란색은 '불안정'이라는 상반되는 의미도 동시에 품고 있습니다. 가령 방을 꾸밀 때 밝고 가벼운 느낌을 주려고 노랑을 함부로 썼다가는 외려 차분하지 않고 붕 뜬 듯해 보이지요. 또한 노랑은 다른 색의 영향에 예민합니다. 빨강이나 주황과 나란히 있으면 적극적이고 따뜻한 느낌을 주지만, 갈색이나 회색 등과 붙으면 어둡고 답답해 보이며 부패물이나 배설물을 떠올리게 하지요. 그림을 그릴 때도 노랑은 다른 색과 조화롭게 쓰기가 까다롭습니다.

이처럼 예민하고 불안정한 성질 때문인지 러시아 화가 칸딘스키는 노란색을 가리켜 "인간을 불안하게 하며 찌르고 자극한다."라고 했습니다. 심리학자들도 '정신병의 색'이라고 하며 노이로제에 시달리는 사람은 노란색을 멀리하는 게 좋다고 조언하고요. 유래가 조금 다르긴 하지만 선정성만 노리는 언론을 가리켜 '황색 언론'(yellow journalism)*이라고도 하지요. 또한 오늘날 노란색은 위험을 경고하는 역할도 하는데, 노란 바탕에 해골을 그린 독극물 표시가 대표적인 예입니다.

노란색은 따스한 희망과 더불어 불안한 정신과 손대면 안 되는 위험까지, 다양한 의미를 지니고 있습니다. 특히 동양과 서양에서 전혀 다른 취급을 받았지요. 지금부터는 노란색의 다양한 면모에 대해 알아보겠습니다.

---

* 19세기 후반 일간지 『뉴욕 월드』와 『뉴욕 저널』은 흥행 경쟁에서 이기기 위해 선정성에 중점을 두었다. 당시 두 신문사 모두 '옐로 키드'라는 캐릭터를 간판 만화의 주인공으로 내세웠는데, 이 무렵부터 선정주의에 치우친 언론을 황색 언론이라고 부르기 시작했다.

노란색에는 독이 있다?

인류의 역사에서 노랑은 결코 따뜻하고 밝기만 한 색은 아니었습니다. 오히려 고대 그리스에서는 '노란색은 독극물'이라고 할 정도였지요. 실제로 처음 노란색이 사용되었던 기원전부터 지금까지 노란색은 사람에게 치명적인 독과 관련이 깊었습니다.

다른 색과 마찬가지로 오래전 노란 색소는 자연에서 얻었습니다. 최초의 노란색은 흙, 그중에서도 황토에서 비롯되었는데, '오커(ocher)'라고 부릅니다. 고대 이집트의 사원에 그려진 벽화를 보면 남자의 피부는 약간 빨강이 감도는 황토로, 여자의 피부는 노란색 황토로 채색했지요. 상형 문자도 노란색 글씨는 여성을 가리켰습니다. 하지만 이 무렵의 노란색은 흙의 색이라는 한계가 있어서 우리에게 익숙한 선명한 노란색과는 비교할 수 없습니다.

기원전 14세기 무렵, 인간은 노란색 수정 같은 광물을 발견합니다. '석웅황' 또는 '웅황'이라고 하는 광물로, 석웅황에서는 황토보다 훨씬 선명한 노랑을 얻을 수 있었습니다. 금빛과 비슷한 노란색 덕에 석웅황을 '황금석'이라고 부르기도 하지요. 다만 매우 조심스럽게 다뤄야 했습니다. 석웅황의 주요 성분인 황화비소는 독성이 매우 강하거든요. 조선 시대에 죄인들에게 내린 사약에도 비소가 포함되어 있었지요. 고대 그리스인도 그 위험성을 알아서 석웅황으로 만든 노란색을 강한 독약이라고 불렀습니다. 하지만 대체할 만한 원료가 없었기 때문에 석웅황으로 만든 노란색은 거의 3,000년 가까이 전 세계에서 사용되었습니다. 고대 이집트의 벽화, 페르시아의 세밀화, 티베트의 탱화, 중세 유럽의 회화 등에서 그 흔적을 찾아볼 수 있지요.

또 다른 노란색 안료는 오랜 시간이 지난 뒤에야 등장합니다. 그런데 새로운 노란색의 원료가 역설적이게도 산화납이었습니다. 새로운 노란색을 찾았는데 이번에는 납이라니, 고개를 갸웃하게 되지요. 납 중독도 인체에 치명적인 건 마찬가지니까요. 하지만 비소가 인체에 즉시 영향을 미치는 데 비해, 납은 오랫동안 몸속에 쌓여야 비로소 증상이 나타납니다. 옛사람들은 납 중독에 대해 잘 몰랐기 때문에 별 의심 없이 산화납을 노란색 안료로 사용했지요. 300도 이상으로 가열하면 노란색을 띠는 산화납 안료는 유럽에서 15~18세기 동안 널리 쓰였습니다.

1750년경부터 유럽 화가들은 '나폴리 노랑'(Naples Yellow)이라고 불리는 안료를 사용했습니다. 이름에서 알 수 있듯 이탈리아 남부 나폴리에서 만들어졌는데, 나폴리 동쪽에 있는 화산인 베수비오 산

가공하지 않은 석웅황.

의 흙이 원료였지요. 다만 나폴리 노랑
에도 납 성분이 포함되어 있기 때문
에 지금은 잘 쓰이지 않습니다.

현재 아크릴 물감이나 페인트 등
에 주로 쓰이는 노란색 안료는 황화
카드뮴이 원료인 카드뮴옐로입니
다. 카드뮴옐로는 매우 밝은 데다
좀처럼 변색되지 않지만 조심해서

20세기 초부터 널리 쓰인 카드뮴옐로 안료.
직접 먹지만 않으면 안전한 편이다.

사용해야 하는 것은 이전의 노란색 안료들과 마찬가지입니다. 카
드뮴도 납처럼 몸에 쌓이면 치명적이거든요. 손발과 관절이 아프고
뼈가 약해져 잘 부러지는 '이타이이타이병'의 원인이 바로 카드뮴
축적이지요. 그래서 카드뮴옐로를 쓸 때는 실수로 먹지 않도록 조
심해야 합니다. 어찌 보면 아직도 고대 그리스인이 말했던 대로 '노
란색은 독극물'인지 모르겠습니다.

차별과 멸시를 상징하는 노랑

노란색에 독이 포함되어 있기 때문일까요? 아니면 앞서 말했듯
불안정한 색이기 때문일까요? 서양에서 노란색은 자주 부정적인
의미로 쓰였습니다. 좀 더 자세히 알아볼까요?

오래전부터 서양에서 노랑은 경계와 멸시를 상징했습니다. 죄를

저질렀다고 판단한 사람들을 노란색으로 표시하고 차별했지요. 예를 들어 중세 독일과 에스파냐 등지에서는 매춘 여성이나 미혼모에게 노란 두건이나 망토를 착용하도록 했습니다. 빚을 진 사람도 옷에 노란 표지를 달아야 했고요. 그들은 저마다 어떤 사연을 지니고 있든지 매춘을 하거나 빚을 졌다는 이유만으로 다른 사람들에게서 손가락질을 받아야 했지요.

중세의 기독교 회화를 보면 예수를 배신한 유다의 옷은 주로 노란색으로 채색되어 있습니다. 이처럼 기독교에서 노랑은 오랫동안 이단자를 상징했는데요, 처형한 이단자의 목에 노란 십자가를 걸기도 했습니다. 기독교에서 노랑이 이단의 색이 된 이유는 불분명합니다. 유다가 노란 옷을 입었기 때문이라는 주장과 함께 13세기 초에 교황 인노켄티우스 3세가 기독교 의식에 사용하는 색에서 노랑을 제외했기 때문이라는 주장이 유력하지요.

기독교의 노랑 때문에 가장 큰 피해를 입은 건 유대인입니다. 기독교인에게 유대인은 예수를 사형한 원수 같은 민족이었습니다. 그래서 기독교는 오랫동안 유대인을 차별하며 억압했고, 일상에서도 유대인과 어울리길 거부했지요. 중세에 접어들어 기독교의 권력이 강해질수록 유대인 차별도 심해졌는데요, 13세기에는 겉모습만으로 유대인을 구별할 방법을 고안해 냅니다. 바로 유대인에게 노란색의 뾰족한 모자를 쓰게 한 것입니다. 지금 봐도 우스꽝스러운 이 모자는 악마의 뿔을 상징한다고 하지요. 유대인에게는 그보다 심한 굴욕이 없었을 겁니다.

제2차 세계 대전 중 독일 나치스가
유대인에게 달도록 강요한 노란색 배지.

　수백 년 전에만 노랑으로 유대인을 차별한 것은 아닙니다. 제2차
세계 대전을 일으킨 독일 나치스가 유대인을 억압하고 대량 학살
을 저지른 것은 알고 있지요? 나치스도 유대인을 구별하기 위해 노
란색을 이용했습니다. '다윗'이나 '유대' 등이 적힌 노란색 별 모양
배지를 가슴에 붙이도록 한 것입니다. 본래 이 별은 '다윗의 별'이
라고 하는데 유대인과 유대교를 상징하는 문장(紋章)입니다. 그래서
유대인이 세운 나라인 이스라엘의 국기에도 파란색 다윗의 별이 들
어 있지요. 유대인의 긍지와 다름없던 다윗의 별을 차별의 도구로
썼으니, 나치스는 중세 기독교보다도 악독했던 셈입니다. 나치스가
만든 노란색 다윗의 별은 지금도 그릇된 색채 사용의 대표적인 예
로 꼽힙니다.

노란색을 사랑한 화가, 고흐

서양에서는 오랫동안 노랑이 좋지 않은 의미로 쓰였지만 모두가 노란색을 싫어했던 것은 아닙니다. 누구보다 노랑을 사랑했던 사람도 있었지요. 바로 빈센트 반 고흐입니다. 앞서 고흐가 코발트블루를 즐겨 썼다고 했지만, 사실 고흐 하면 노란색을 떠올리는 사람이 더 많을 것입니다. 고흐가 얼마나 노란색에 심취했느냐 하면, 노란 것이면 무엇이든 감동을 받을 정도였다고 하지요. 고흐를 가장 강렬하게 매혹한 것은 태양이었습니다. 그래서 고흐의 작품에는 타는 듯한 노란색 태양이 많이 등장합니다. 고흐는 살아생전에 궁핍하고 불행한 삶을 살았습니다. 어쩌면 고흐에게 선명한 노란색은 구원과 희망을 뜻했을지도 모릅니다.

구체적으로 고흐의 작품을 살펴볼까요? 먼저 「아를의 고흐의 방」이라는 작품입니다. 고흐는 이 그림을 그렸던 1888년에 프랑스 남부 마을 '아를'에서 살고 있었습니다. 고향 네덜란드에서 파리로 옮겨 왔던 고흐는 다시 조용한 시골 마을로 이주해서 예술가들의 공동체를 꿈꾸며 파리의 화가 친구들을 초청했다고 하지요. 하지만 고흐의 초청에 응한 사람은 고갱, 단 한 명이었습니다. 어쨌든 크게 감격한 고흐는 고갱을 위해 집을 한 채 빌리고 고급 가구로 꾸며 놓았습니다. 반면에 자신의 좁은 침실에는 값싸고 투박한 가구를 들여놓았지요. 「아를의 고흐의 방」은 고흐가 고갱을 기다리면서 자신의 방을 그린 그림입니다. 한눈에도 소박한 장식과 가구가 눈에 띄

고흐가 고갱을 기다리며 그린 「아를의 고흐의 방」.

고흐는 일생 동안 여러 번 「해바라기」를
그렸다. 이 그림은 아를에서 네 번째로
그린 것이다.

지요. 그런데 방 안의 모습이 왠지 불안해 보입니다. 침대며 의자,
탁자들이 마치 공중에 떠 있는 것 같지요. 왜 그럴까요? 고흐가 이
그림에 그림자를 그려 넣지 않았기 때문입니다. 일본의 미술사학자
다카시나 슈지는 「아를의 고흐의 방」에서 느껴지는 불안정과 초조
에 대해 "고흐가 자신의 꿈이 곧 실현되려 하는 때에 불안과 기대에
찬 흥분된 심리 상태에서 이 그림을 그렸기 때문"이라고 설명하기
도 했습니다.

　고흐와 노란색을 이야기할 때 「해바라기」 연작을 빼놓을 수는 없
습니다. 이 그림도 고갱의 방을 장식하기 위해 그렸다고 하는데요,
분명 해바라기이건만 꼭 이글거리는 태양처럼 보이지 않나요? 고

호가 자신의 격정적인 감정을 대담하고 힘이 넘치는 붓질로 표현한 듯합니다. 고갱도 이 그림을 처음 보고 감탄을 금치 못했다고 하지요. 이처럼 고흐는 자기 나름대로 심혈을 기울여 고갱과의 공동생활을 준비했지만, 그 생활은 결국 오래가지 못하고 비극으로 끝나 버렸습니다. 두 달도 안 되어 다툼 끝에 고갱이 고흐의 곁을 떠났고, 고흐는 발작을 일으켜서 스스로 자신의 귀를 잘라 버렸지요.

고흐가 보았던 세상은 노란색?

고흐는 왜 그리도 노란색에 집착했을까요? 앞서 말했듯 넉넉하지 않은 생활 속에서 태양을 동경하며 희망과 구원을 꿈꿨을지도 모릅니다. 흔히 고흐는 눈으로 본 것을 그대로 재현하기보다 감정을 표현했다고 알려져 있는데요, 이와 관련해 조금 흥미로운 의견도 있습니다. 고흐가 자신의 감정을 강렬한 노랑으로 표현한 것이 아니라 눈에 보이는 그대로 그렸을 뿐이라는 주장입니다. 세상을 노란색으로 보았다니 얼핏 말도 안 되는 주장 같지요. 하지만 그 나름 타당한 이유가 있습니다.

고흐는 알코올 중독에 가까울 정도로 술을 많이 마셨습니다. 자신의 귀를 자른 것도 만취한 상태에서 저질렀다고 하지요. 고흐는 당시 유행했던 압생트라는 독주를 많이 마셨습니다. 그런데 압생트에 포함되어 있는 튜존이라는 물질은 뇌세포를 파괴하여 환각을 일으키고, 테레빈이라는 물질은 시각 신경을 손상시켜 사물이 노랗게 보이는 질환인 황시증을 유발하기도 합니다. 그래서 일부 학자들은 압생트에 중독된 고흐가 노란색 환각을 작품으로 그려 낸 것이 아닐까 추측합니다.

때때로 튜브에서 짜낸 물감을 먹기도 했던 습관 역시 고흐의 정신과 몸을 망가뜨렸을 겁니다. 고흐가 살던 시기에는 이미 노란색 안료가 인공적으로 합성되어 판매되었습니다. 하지만 앞서 말했듯 납 같은 성분이 포함되어 있었지요. 고흐의 작품을 보면 납 중독으로 의심되는 특징을 찾을 수 있습니다. 납에 중독되면 망막에 문제가 생겨 빛이 원을 이루는 식으로 보인다고 하는데, 「별이 빛나는 밤」을 보면 달빛이 원으로 표현되어 있거든요. 고흐에게 노란색이란 아름다운 작품의 밑거름이 되어 준 동시에 고흐 자신을 비극으로 밀어 넣은 주범인지도 모르겠습니다.

이제는 고흐의 그림이 여태까지와 조금 다르게 느껴지지 않을까 싶네요. 아쉬운 점은 지금 우리가 보는 고흐의 노란색이 처음 그려졌던 때와 다르다는 사실입니다. 가난했던 고흐는 변색이 잘 일어나지 않던 카드뮴옐로 대신 저렴한 크롬옐로를 사용했습니다. 크롬옐로도 카드뮴옐로 못지않게 아름답지만 오래 지나지 않아 주황이나 갈색으로 변해 버립니다. 그러니 오늘날까지 남아 있는 고흐의 작품 속 노랑은 그가 매혹되어 붓으로 표현했던 색과는 다르다고 할 수 있습니다.

세상의 중심에 노란색이 있느니라

노랑만큼 동양과 서양에서 다른 대접을 받은 색도 없을 것입니다. 서양에서는 오랫동안 차별과 멸시의 색으로 쓰였지만, 동양에서는 정반대로 최고의 색으로 꼽혔거든요. 먼저 그동안 보았던 사극 영화나 드라마를 떠올려 봅시다. 조선 시대 임금은 무슨 색 옷을 입었나요? 네, 빨강이지요. 그렇다면 중국의 황제는 무슨 색 옷을 입던가요? 그렇습니다. 노란색이지요. 용이 수놓인 노란 옷이라 '황룡포'라고 합니다. 중국과 그 주변의 문화권에서는 노랑이 신성함과 권위를 상징했습니다. 서양에서의 빨강과도 비슷했다고 할 수 있겠네요.

한반도와 중국을 비롯한 동북아시아에서는 예로부터 '음양오행' 사상이 중요했습니다. 간단하게 요약하면 세상 만물이 '음양'과 '오행'으로 이루어져 있으며, 각 요소가 조화와 균형을 이루어야 질서가 유지될 수 있다는 사상이지요. 음양이란 만물의 서로 반대되는 기운으로서 예를 들어 하늘과 땅, 낮과 밤, 남자와 여자, 밝음과 어둠이 있습니다. 오행이란 세상을 구성하는 기본적인 다섯 요소를 일컫습니다. 목(木), 화(火), 토(土), 금(金), 수(水), 우리말로 쓰면 나무, 불, 흙, 금속, 물이지요. 옛사람들은 오행이 서로서로 조화를 이루어야 하며 자연뿐 아니라 몸, 감정, 음식, 그리고 색 등이 모두 오행과 깊은 관련을 맺는다고 생각했습니다.

방위 역시 동, 서, 남, 북, 중앙의 다섯 방향으로 구분하고 음양오

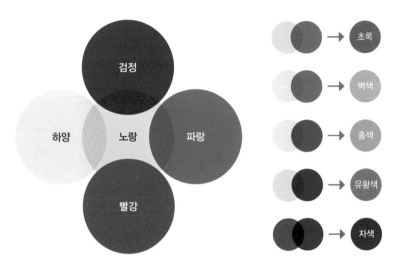

음양오행을 고려하여 다섯 방위에 지정한 오방색(왼쪽)과
각 오방색의 사이에 위치하는 오방잡색(오른쪽).

행을 고려하여 각각의 방위에 어울리는 5가지 색을 지정했는데요,
이 색들이 우리가 주목해야 할 '오방색'입니다. 오방색 개념에 따르
면 동쪽은 파랑, 서쪽은 하양, 남쪽은 빨강, 북쪽은 검정, 그리고 중
앙은 노랑에 해당합니다. 그리고 '오간색' 또는 '오방잡색'이라고
하여 각 오방색의 중간에 해당하는 색도 있습니다. 노랑과 파랑 사
이에 초록, 하양과 파랑 사이에 옅은 파랑인 벽색, 하양과 빨강 사이
에 밝은 빨강인 홍색, 노랑과 검정 사이에 탁한 노랑인 유황색, 빨강
과 검정 사이에 보랏빛 자색이지요.

오방색에서 세상의 중앙을 상징하는 노랑은 생명의 근본이자 만
물을 만들어 내는 가장 고귀한 색입니다. 중국은 자기네가 세계의

중심이라고 자부했기 때문에 중국의 황제만이 고귀한 노란색 옷을 입도록 했습니다. 중국에 조공을 바치는 입장이던 조선의 임금은 빨간색 곤룡포를 입을 수밖에 없었고요. 서양에서 노랑이 소수자의 차별에 쓰였다는 사실을 떠올리면 정말 하늘과 땅만큼이나 차이 나는 대접입니다.

조선의 임금 중에도 노란 옷을 입은 사람이 있습니다. 고종과 그의 아들 순종입니다. 고종은 청나라의 그림자에서 벗어나고 혼란스러운 국제 정세를 헤쳐 나가기 위해 대한 제국을 선포하고 황제의 자리에 올랐습니다. 세상에서 가장 높은 황제가 되었으니 더 이상 빨간색 옷을 입으며 자신을 낮출 필요가 없었던 것이지요.

요람부터 무덤까지 함께한 오방색

이왕 얘기한 김에 오방색을 좀 더 자세히 알아보겠습니다. 오방색은 고구려의 고분 벽화와 조각보에서도 흔적을 찾아볼 수 있을 정도로 오래된 문화입니다. 우리나라 전통문화의 바탕에 자리한 오방색은 사람이 태어나서 죽을 때까지 함께했지요.

예전에는 아이가 태어나면 노란 새끼줄에 검은 숯과 빨간 고추 또는 푸른 솔가지를 꿰어서 금줄을 만들고 대문에 걸었습니다. 갓 태어난 아이가 아들이면 고추, 딸이면 솔가지를 꿰었지요. 옛사람들은 금줄을 대문에 걸어서 액운을 막을 수 있다고 믿었습니다. 고추의 빨간색은 잡귀와 병을 쫓아 주고, 솔가지의 초록색은 생명과 성장 등을 뜻하며 귀신을 물리치는 동시에 복을 부른다고 여겼지요. 요즘이야 보기 드문 풍경이지만, 제가 어렸을 때만 해도 대문에 걸린 금줄을 보고 어느 집에서 아이가 태어났구나 하는 걸 알 수 있었답니다.

지금도 흔하게 접할 수 있는 오방색의 예는 돌이나 명절에 아이들한테 입히는 알록달록한 색동옷입니다. 색동옷은 예쁘기도 하지만, 단지 곱다는 이유만으로 입히는 건 아닙니다. 오방색으로 물든 색동옷이 나쁜 기운을 막고 아이의 무병장수를 이루어 준다고 믿기 때문이지요. 예전에는 아이뿐 아니라 어른들도 장신구와 신발을 착용할 때 오방색의 전체적인 균형을 고려했습니다. 파랑이 부족한 옷차림이면 파란 노리개를 달았고, 빨강이 부족하면 빨간 꽃신을

여자아이에게 입히던 색동저고리.
우리나라에서는 삼국 시대부터 색동옷을 입었으리라고 추측된다.

신었지요. 비슷한 계통의 색으로 옷과 신발, 장신구를 맞추는 요즘의 패션을 옛사람들이 보면 오행의 균형이 흐트러졌다며 혀를 끌끌 찰지도 모르겠습니다.

전통문화에 깃든 오방색은 혼례에서도 두드러집니다. 새색시는 악귀를 몰아내기 위해 빨간 연지를 입술과 뺨, 이마에 바릅니다. 그리고 연두저고리와 다홍치마, 즉 '녹의홍상'을 입지요. 새색시의 이러한 옷차림은 혼례상에 올리는 '청실홍실'*과 마찬가지로 남자와 여자, 음양의 조화를 의미합니다. 나중에 전통 혼례를 올리는 사람들을 보게 된다면 유심히 살펴보길 바랍니다.

오방색은 먹을거리에도 적용되었습니다. 동짓날에 빨간 팥죽을 먹거나 간장 항아리에 빨간 고추를 꿴 금줄을 두르는 풍습은 모두 나쁜 일을 막기 위한 것이었지요. 또 비빔밥이나 떡국에 올리는 고명도 오방색의 균형을 신경 썼는데요, 단지 보기 좋으라고 색색 고명을 얹은 게 아니라 음식의 기운이 조화로워지도록 오방색을 골고루 올린 것입니다. 옛사람들은 오방색이 어우러진 음식을 먹어야 비로소 무병장수하며 행복한 삶을 누릴 수 있다고 믿었습니다. 오방색이 갖춰진 상차림은 그렇게 어렵지 않습니다. 하얀 쌀밥과 두부, 파란 미역국이나 파래무침, 빨간 김치, 노란 계란말이, 검은 김과 콩자반, 이렇게 흔한 음식들로도 오방색이 꽉 찬 식탁을 차릴 수 있지요. 게다가 영양소도 균형 있게 섭취할 수 있고요.

---

* 혼례에 쓰는 남색과 빨간색 명주실. 신랑 집에서 신부 집으로 혼인을 청할 때 보내기도 했다.

지금 예로 든 것들도 일부에 불과합니다. 새해맞이를 하며 만드는 빨간 부적이나 궁궐, 사찰 등의 지붕에 그려진 단청에서도 오방색을 발견할 수 있지요. 앞으로 박물관이나 사찰에 견학을 가게 되면 그냥 예쁘네 하고 말기보다 여기에는 어떤 색이 쓰였을까 관찰해 봅시다. 항상 오방색의 조화를 신경 썼던 옛사람들의 뜻이 새롭게 보일 것입니다.

4
무엇보다
자연과 가까운 색,
초록

학교에서 가장 오랫동안 본 사물을 꼽아 봅시다. 수업 시간 내내 졸지 않았다면 칠판을 가장 오래 봤을 겁니다. 요즘은 '칠판'이라고 부르지만 제가 어렸을 때는 '흑판'이 더 익숙했습니다. 말 그대로 검은색 판이라는 뜻이지요. 애초에 칠판은 하얀 분필 글씨가 잘 보이도록 검은색으로 만들어졌습니다. 흑판에 초록색이 더해진 것은 그리 오래전 일이 아닙니다. 한데 왜 그 많은 색 중에 초록을 더했을까요?

빨강, 파랑과 더불어 빛의 3원색에 속하는 초록은 우리 눈에 가장 편안한 색입니다. 사람의 눈은 가시광선이라 불리는 빛만 인식할 수 있습니다. 가시광선에는 흔히 무지개의 색이라고 하는 빨강, 주황, 노랑, 초록, 파랑, 남색, 보라에 걸쳐 무수히 많은 색이 존재하지요. 무지개의 색을 떠올리면 알 수 있듯이 초록은 가시광선의 가운

데에 위치하여 눈에 가장 피로가 적습니다. 실제 색채학자들의 실험에 따르면 사람의 뇌는 빨간색을 보면 흥분하지만, 초록색을 보면 안정된다고 합니다.

다만 초록색이 전부 눈에 좋은 것은 아니라서 너무 선명하고 파란색에 가까운 초록색은 외려 눈에 피로를 더합니다. 눈에 편안한 초록색은 어두운 초록색이라고 하지요. 칠판의 색을 어두운 초록색으로 바꾼 데는 마땅한 이유가 있었던 셈입니다.

눈에 편안한 색이기 때문일까요? 오늘날 초록은 평화와 안전, 중립 등을 상징하고 있습니다. 병원이나 구급차에 표시된 녹십자를 기억하겠지요. 녹십자는 재해로부터 안전함을 뜻합니다. 도로의 표지판이나 신호등에서도 초록색은 안전하게 통행해도 된다는 의미이지요. 건물 비상구 역시 초록색으로 표시되어 있고요. 편안함과 안전의 대명사인 초록색. 지금부터는 초록이 어떻게 인류와 함께해 왔는지 살펴보겠습니다.

초록색에 숨은 의미를 찾아라!

인류에게 초록색은 선사 시대부터 평온을 상징하는 색이었을 것입니다. 초록색 식물로 가득한 숲은 맹수로부터 몸을 숨길 피난처이자, 갖가지 열매 등 먹을거리를 얻을 수 있는 풍요로운 장소였을 테니까요. 초록색에 대한 좋은 기억은 지금까지 이어져 도시 생활

현대인은 심신을 달래기 위해 초록이 가득한 공원으로 나들이를 가곤 한다.

에 지친 사람들이 피로를 씻기 위해 주말마다 초록빛 자연을 찾아
가기도 하지요. 실제로 초록색은 혈압을 낮추고 긴장감을 덜어 준
다고 알려져서, 신경과민이나 두통이 심한 사람은 초록색을 곁에
두는 게 좋다고 합니다.

　그런데 왜 식물은 대부분 초록색일까요? 식물 세포 내에서 광합
성을 담당하는 엽록소 때문입니다. 엽록소는 빛을 이용하여 탄소와
물로부터 에너지가 되는 탄수화물을 만들어 냅니다. 광합성으로 만
들어진 에너지는 식물에서 동물까지 이어지며 생태계의 바탕을 이
루지요. 그런데 재미있게도 엽록소는 광합성을 하면서 가시광선 중
초록색만 쓰지 않고 버립니다. 초록색을 쓰지 않기 때문에 엽록소
가 초록색으로 보이는 것이지요. 만약 식물이 초록색이 아닌 빨간

색 가시광선을 버렸다면 사람의 뇌는 자연을 볼 때마다 흥분하거나 빨강에서 안정감을 느끼도록 진화했을지 모릅니다. 과연 우리가 고마워해야 하는 색은 버려진 초록색일까요, 아니면 광합성에 쓰이는 다른 색들일까요? 저는 모든 색이 고마운 것 같은데, 각자 한번 생각해 보세요.

식물이 모두 초록이기 때문인지 예부터 인류 문명에서 초록은 재생을 상징했습니다. 겨울 동안 사라졌던 식물이 봄이 되면 다시 초록 잎을 틔우는 모습이 꼭 죽었다가 부활하는 것 같았겠지요. 옛사람들은 그런 자연의 순환에서 신을 떠올리기도 했는데요, 고대 이집트에서 죽음과 부활을 관장하는 신으로 모시던 오시리스가 대표적인 예입니다. 이집트 신화에서 오시리스는 아우에게 살해당했다가 여동생들 덕에 지하 세계에서 부활했고, 이후 지하 세계의 통치자로서 지상에 생명을 부여했습니다. 봄마다 지상에 새로운 싹이 트도록 하는 오시리스의 피부색이 바로 초록색이지요.

이슬람 문화권에서 초록은 성스러운 색으로서 물질과 정신의 풍요를 뜻합니다. 풀 한 포기 보기 힘든 사막에서 초록으로 가득한 오아시스를 만나면 천국과 다름없었겠지요. 10세기부터 12세기까지 이집트와 북아프리카 지역을 다스린 파티마 왕조가 처음 국기에 초록색을 썼는데, 지금은 사우디아라비아, 요르단 등 아랍 연맹 대부분 나라의 국기에 초록색이 포함되어 있습니다.

초록색이 언제 어디에서든 인기 있었던 것은 아니라서 중세 유럽에서는 악마의 색으로 통하기도 했습니다. 사람을 현혹하는 악마,

고대 이집트의 고분 벽화에 묘사된 오시리스. 초록색 피부가 눈에 띈다.

용, 괴물 등이 회화에서 초록색으로 표현되었지요. 이유는 여러 가지가 꼽히는데, 에덴동산에 살던 아담과 이브에게 선악과를 먹도록 부추긴 뱀에서 초록색 악마가 유래했다는 설이 유력합니다. 초록색 파충류를 혐오하고 무서워하는 경향이 악마에 영향을 끼친 셈이지요. 요즘도 만화와 영화에 등장하는 괴물과 외계인은 피부나 혈액이 초록색인 경우가 많습니다.

한편 중세와 르네상스 시대에 걸쳐 초록색은 부유한 상인 계급을 상징하는 색이기도 했습니다. 무역상이나 은행가 등이 밝고 고급스러운 초록색 옷을 입고 자신의 사회적 지위를 드러냈지요. 레오나르도 다빈치가 그린 「모나리자」의 주인공도 초록색 옷을 입고 있는데요, 그래서 「모나리자」의 주인공은 귀족이 아닌 상인 계급이라는 주장도 있습니다. 또한 영국 의회에서도 귀족들로 구성된 상원의 의자는 빨간색이었던 반면, 서민 출신인 하원 의원들은 초록색 의자에 앉았지요.

산업 혁명 이후 환경 오염이 문제가 되면서 초록색은 자연과 좀 더 밀접한 의미를 지니게 됐습니다. 회색 콘크리트 건물로 가득한 도시와 초록빛 자연이 대비되니까요. 우리나라의 환경운동연합이나 환경재단을 비롯해 전 세계의 환경 운동 단체들이 초록색을 상징으로 쓰고 있지요. 또는 녹색연합이나 녹색당처럼 단체의 이름에 색을 넣어서 친환경적인 성격을 드러내기도 하고요. 여러분도 지금 내 주위에 어떤 초록색이 있는지, 어떤 의미로 쓰였는지 찾아보면 재미있을 것입니다.

변치 않는 초록색으로 세상을 그리다

인류는 어떻게 초록색을 손에 넣기 시작했을까요? 처음에는 광물로부터 초록을 얻었습니다. 공작새의 깃털과 빛깔이 비슷하기에 공작석, 영어로는 말라카이트라고 하는 초록색 광석이 있는데요, 선사 시대부터 사람들은 공작석을 곱게 간 다음 송진이나 무화과즙에 개어 에메랄드빛 물감을 만들었습니다. 공작석으로 만든 초록색은 고대 이집트에서 벽화나 파피루스 회화에는 물론이고 여성의 화장에도 쓰였지요. 8세기 중국에서는 불상에 사용되기도 했고요.

공작석이 초록색이었던 이유는 그 속에 구리가 포함되어 있기 때문입니다. 철은 녹슬면 빨간색이 되지만, 구리는 녹슬면 초록색이 되거든요. 공작석에는 녹슨 구리가 포함되어 있었던 것이지요. 그래서 아예 일부러 구리에 녹을 만든 다음 그 녹을 긁어서 초록색을 얻기도 했습니다. 그렇게 얻은 초록색을 '녹청'이라고 부르는데요, 녹청은 아름답지만 쉽게 검은색으로 변색되는 문제가 있었습니다. 레오나르도 다빈치도 녹청의 변색에 골머리를 앓았다지요.

녹청을 자유자재로 활용한 화가는 르네상스 시대의 얀 반에이크입니다. 그의 작품 중에서 녹청이 두드러지는 대표작은 1434년에 그린 「아르놀피니 부부의 초상」입니다. 얼핏 봐도 빨간색과 갈색 위주의 그림에서 여성이 입은 초록색 드레스의 존재감이 남다르지요. 서양 미술사 입문서에 초창기 유화로서 빠지지 않고 등장하는 중요한 작품입니다.

반에이크의 대표작인 「아르놀피니 부부의 초상」.
여성의 드레스는 녹청으로 채색했다.

이 그림은 조반니 아르놀피니라는 남자 상인과 조반나 체나미라는 여인의 약혼식을 그렸다고 알려져 있습니다. 당대의 초상화가 주로 가슴 위만 묘사한 데 비해 전신을 그린 점이 특이하지요. 주인공들의 의상이 부유한 상인이라는 지위를 가늠하게 해 주는데요, 남자의 고급스러운 외투와 여자가 입은 안감이 모피로 된 의상, 그리고 금목걸이 같은 액세서리가 눈에 띄네요. 사실 이 그림에는 등장인물이 두 명 더 있습니다. 도무지 못 찾겠다고요? 그림 중앙에 볼록 거울을 유심히 보면 두 남자가 있는데, 이 약혼식의 증인이지요. 더 재미있는 사실은 증인 중 한 명이 반에이크라는 것입니다. 거울 위쪽의 벽에 "얀 반에이크가 이 자리에 있었노라. 1434년."이라고 쓰여 있거든요. 15세기 유럽의 화가들은 자신의 그림에 서명을 남기는 경우가 드물었습니다. 그러니 반에이크는 약혼 관계가 성립되었음을 증명하는 계약서로서 이 그림을 그렸다고 할 수 있지요.

　　오늘날 반에이크는 '유화의 창시자'로 알려져 있습니다. 그가 유화 기법을 처음 고안하지는 않았지만 집대성했기 때문이지요. 서양 미술사에서 매우 중요한 발명 중 하나라는 유화 기법은 안료를 식물성 기름에 개어 캔버스에 그리는 것인데요, 유화 기법이 자리 잡기 전까지는 주로 프레스코나 템페라 기법이 쓰였습니다. 벽화에 쓰인 프레스코 기법은 덜 마른 회반죽 바탕에 물에 갠 안료로 그림을 그렸습니다. 미켈란젤로의 「최후의 심판」 등이 유명하지요. 다만 회반죽이 마르기 전에 재빨리 그려야 했고 고칠 수도 없어서 숙련된 기술이 필요했습니다. 게다가 색의 농담을 조절할 수 없었고 시간이 지날수록 색이 옅어졌지요. 템페라 기법은 안료를 계란 노른 자나 아교* 등에 개어 그렸는데 물감이 금방 말라 버려서 역시 한계 가 뚜렷했습니다. 이들과 비교해 유화는 농담을 조절하기 쉽고 여 러 번 덧칠할 수도 있어서 표현의 폭이 넓습니다. 이전보다 훨씬 섬 세한, 실물을 방불케 하는 묘사가 가능해졌지요. 오래 보존해도 비 교적 색이 덜 변했고요. 다만 물감이 마르는 데 시간이 오래 걸린다 는 단점이 있었는데, 그 때문에 1960년대 이후로는 유화 물감보다 편리하고 빨리 마르는 아크릴 물감이 각광받고 있습니다.

그러고 보니 반에이크가 어떻게 녹청의 변색을 막았는지 알려 주 지 않았네요. 비밀은 생각보다 간단합니다. 작품을 완성한 후 그림 위에 특수한 니스를 덧칠해서 녹청이 공기와 접촉하지 못하게끔 막 았기 때문입니다.

초록색이 품은 치명적인 독

고흐가 즐겨 썼다던 노랑과 마찬가지로 초록도 아름다운 색 속에 독을 품었던 적이 있습니다. 1775년, 스웨덴 화학자 칼 빌헬름 셸레 는 비소와 구리로 실험을 하다 초록색 안료를 합성합니다. 발명자 의 이름을 따 '셸레 그린'이라고 불렀고, 1778년부터 본격적으로 생

---

* 짐승의 가죽과 힘줄 등을 푹 삶아서 굳힌 것으로 풀이나 지혈제로 쓰인다.

산되어 마네, 터너 등 당대의 화가들에게 인기를 얻었지요. 회화 안료뿐 아니라 벽지나 드레스 등 일상생활에서도 폭넓게 쓰였고요. 여기서 의문을 떠올린 사람이 있겠지요. '어? 비소에는 독성이 있지 않나?' 하고 말입니다. 맞습니다. 당시 사람들은 잘 몰랐지만 셸레 그린으로 그린 그림과 벽지가 습기와 만나면 비소 가스가 피어났습니다. 그래서 세잔과 모네 등 많은 화가들이 비소에 중독되어

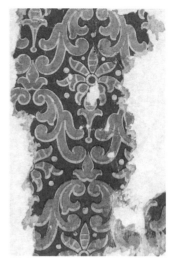

19세기 초 영국에서 만들어진 초록색 벽지. 비소가 포함된 초록색은 벽지, 가구, 드레스 등에 쓰여 심각한 부작용을 일으켰다.

고통스러운 말년을 보냈지요. 19세기 중반에는 유럽에서 아이들이 잇따라 숨지는 사건이 일어났는데요, 조사 결과 벽지의 셸레 그린에서 피어난 비소 가스 때문이라는 사실이 밝혀졌습니다. 사람들은 그제야 셸레 그린의 위험성에 주목했지요.

나폴레옹 역시 셸레 그린의 희생자라는 주장이 있습니다. 한때 영웅이었던 나폴레옹이 세인트헬레나 섬에 유배되어 시름시름 앓다 세상을 떠나자, 오랫동안 그 죽음의 원인이 무엇인지 온갖 추측이 나돌았습니다. 1960년대에는 나폴레옹이 남긴 머리카락을 분석한 결과 비소가 정상치를 훨씬 웃돌게 검출되어 화제가 되었지요. 이 때문에 누군가 나폴레옹을 독살했다는 설이 대두되었지만 다르

게 주장하는 사람도 있습니다. 나폴레옹은 셸레 그린을 무척이나 좋아했는데, 시간이 지나며 가구와 벽지 등에서 비소 가스가 흘러 나와 나폴레옹의 건강을 해쳤다는 것이지요. 아직 명확히 증명되지는 않았지만 나폴레옹의 사인에 대한 설득력 있는 가설로 꼽힙니다. 이토록 위험한 색이건만 셸레 그린은 20세기 초에서야 사용이 금지되었습니다.

논란이 되는 초록색은 셸레 그린만이 아닙니다. 2014년에 우리나라의 일부 메기 양식장에서 기생충과 바이러스를 없애는 용도로 합성 색소 '말라카이트 그린'을 사용한 것이 발견되어 문제가 되었습니다. 19세기 중반 발명된 말라카이트 그린의 색은 공작석으로 만든 초록색과 매우 닮아서 마네 등 유명 화가들이 사용했지만, 이후 발암 물질임이 밝혀져 세계 곳곳에서 금지되었습니다. 우리나라에서도 모기향의 착색제 등으로 쓰이다가 2005년부터 일부 용도를 제외하고는 사용이 금지되었고요.

초록색은 위험하다고 겁만 주었나요? 물론 모든 초록색에 독이 있지는 않습니다. 그중 한 가지가 우리나라에 있지요. 경상북도 포항에는 '뇌성산 뇌록산지'라는 곳이 있습니다. 이곳은 천연기념물로도 지정되었는데요, 그 주요한 이유가 초록색과 관련이 있습니다. 이곳에서만 구할 수 있는 광물이 우리나라의 전통 초록색인 '뇌록'의 원료거든요. 짙은 옥색에 가까운 뇌록은 궁궐이나 관청, 사찰 등에 단청을 그릴 때 쓰였습니다. 조선 말기까지 명맥을 유지하던 뇌록은 일제 강점기에 페인트가 들어오며 자취를 감춥니다. 독성이

단청에 쓰이는 뇌록은 본래 광물에서 얻었지만, 일제 강점기에 제조법이 소실되었다.

없는 전통 안료를 화학 안료 페인트가 대체해 버린 것이지요. 결국 지금도 뇌록을 만드는 정확한 방법은 아무도 모릅니다. 불타 버린 숭례문을 복원할 때도 뇌록 제조법을 알아내지 못해서 다른 안료를 사용해야 했지요.

아름다운 비색 청자를 빚다

'금이야 옥이야 아끼다.'라는 말을 들어 본 적 있나요? 무엇을 매

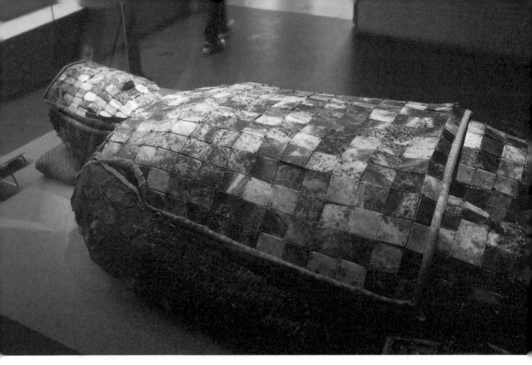

고대 중국에서는 신분이 높은 남성이 죽으면 금루옥의를 입혔다. 사진은 한나라 때 만들어진 금루옥의로 1,200여 개의 옥 조각을 금실로 엮었다.

우 애지중지할 때 쓰는 표현이지요. 우리나라와 중국에서는 오래전부터 금과 비슷한 가치를 둘 정도로 초록색 보석인 옥을 귀하게 여겼습니다. 옥을 세공하여 옥가락지 같은 장신구나 화병 등으로 만들었지요. 옥은 크게 두 가지로 나뉘는데 단단한 것을 경옥, 그보다 덜 단단한 것을 연옥이라고 합니다. 단단한 경옥 중에서도 밝은 초록색을 띤 것은 매우 귀했는데, 그런 옥을 특별히 '비취'라고 불렀지요. 비취를 처음 사용한 나라는 중국이지만, 중국에서는 비취가 나지 않아 대부분 미얀마에서 수입했습니다. 요즘은 러시아나 중앙아메리카 등에서도 옥이 나지만 여전히 미얀마의 비취가 가장 아름답다고 합니다.

옛사람들은 옥에 양의 기운이 충만해서 악을 물리치고, 장수와 영혼의 부활을 이루어 준다고 믿었습니다. 그래서 옥구슬을 죽은 이의 입에 물리거나 손에 쥐여 주는 풍습이 있었지요. 심지어 중국에서는 왕이 죽으면 금실로 옥 조각들을 꿰어 만든 옷인 '금루옥의'를 입혀 환생을 염원했습니다. 경주에 있는 신라의 왕릉에서 출토된 유물 중에도 옥이 많은데, 예를 들어 천마총에서 나온 유물 중 68퍼센트는 옥구슬입니다.

사람들은 값비싸고 구하기 힘든 옥을 직접 만들 수 없을까 고민했습니다. 앞서 서양에서 연금술사들이 수은과 황으로 황금을 만들려고 시도했다고 했지요? 그것과 비슷한 발상이었는지도 모르겠습니다. 옥은 아니지만 옥빛을 띤 물건을 만들어 냈으니, 바로 '청자'입니다.

고대 중국에서 만들어지기 시작한 청자는 당나라를 거쳐 송나라 때에 절정을 이루었습니다. 청자 기술은 우리나라에도 전해져 고려 때 화려한 꽃을 피웠지요. 지금이야 그냥 예쁜 도자기네 하고 말지도 모르지만 청자는 당대의 첨단 기술이 집약된 예술품이었습니다. 중국과 우리나라를 제외하면 제대로 만들 수 있는 나라가 없었지요. 타이와 일본 등에서도 청자를 만들어 보려 했지만 중국과 우리나라 청자의 모방품에 불과했습니다.

청자의 비밀은 가마 속 온도에 숨어 있습니다. 일반적인 토기를 만들 때보다 훨씬 높은 1,300도에서 구워야 도자기가 청록색 빛을 떱니다. 청자를 만드는 과정은 다음과 같습니다. 일단 흙으로 그릇을 빚고 약 800도에서 한 번 굽습니다. 그다음 철 성분이 포함된 유약을 바른 뒤 1,300도에서 한 번 더 구워 내고요. 두 번째 구울 때 중요한 점은 가마 안으로 공기가 들어가지 않도록 흙으로 잘 막아야 한다는 것입니다. 가마 안에 산소가 부족해야 도자기를 빚은 흙에 포함된 철 성분이 변화하여 청록색 빛을 반사하게 되거든요. 만약 공기가 가마 속으로 침투한다면 도자기의 색이 녹황색이나 회녹색 등으로 변해 버립니다.

고려의 청자는 중국 것과 다른 고유의 '비색'으로 유명합니다. 그 색이 얼마나 아름다웠는지 송나라 학자 태평노인은 자신의 저서 『수중금』에서 천하제일 10가지를 꼽으며 청자만은 송나라 것이 아닌 고려의 비색 청자가 으뜸이라고 했지요. 또한 고려에 사신으로 왔던 송나라 관리 서긍은 『고려도경』에 비색 청자가 중국과 다른 독창적인 아름다움을 지녔다고 썼고요. 흔히 송나라 청자가 화려하게 치장한 인상이라면, 고려의 비색 청자는 은은하면서 단아하다고 평가됩니다.

고려청자는 12세기 중반 상감 기법을 도입하며 한 단계 도약합니다. 청자 표면에 무늬를 새겨 넣는 상감 기법은 고려의 고유한 기술이었는데, 만드는 과정은 다음과 같습니다. 굽기 전에 도자기 표면에 무늬를 새기고는 무늬의 홈에 하얀색과 빨간색 흙을 채워 넣습니다. 두 가지 흙은 두 번 굽는 과정에서 마술처럼 변합니다. 하얀색 흙은 더 뽀얗게, 빨간색 흙은 더 검게 변하며 선명해지지요. 이 무늬

고려 인종의 무덤에서 출토된 상감 청자.
참외 모양 병에 그려진 모란과 국화 무늬가 인상적이다.

들은 바탕색인 비색과 어우러지며 비교할 데 없는 아름다움을 보여
줍니다.

　고려청자는 세계 최고로 꼽혔지만 왕과 귀족들이 독점했습니다.
생산도 나라에서 직접 관리했고 일반 백성은 꿈꿀 수 없는 사치품
이었지요. 중세 유럽에서 빨간색 염료를 상류층이 독점했던 것과
비슷합니다. 고려가 원나라의 침략 등을 겪으면서 혼란스러워지자
고려청자는 전성기의 비색을 잃어버리고 맙니다. 지금 우리는 박물
관에 가서 고려청자의 아름다운 비색을 접할 수밖에 없지요. 저는
이따금씩 고려청자의 비색이 대중에게 널리 퍼졌다면 얼마나 좋았
을까 상상하곤 합니다.

수술복이 초록색인 이유

의학 드라마를 보면 의사들은 수술할 때 초록색 수술복을 입지요. 왜 그럴까요? 우선 초록색은 눈에 피로를 적게 줍니다. 갑자기 피가 튀어도 초록색과 섞여 검게 보이니 덜 놀라겠고요. 하지만 진짜 이유는 따로 있습니다. 장시간 수술하는 의사의 눈에는 청록색 그림자가 어른거린다고 합니다. 빨간색 피의 잔상이 그 보색*인 청록색으로 나타나는 것이지요. 수술 중에 자꾸 엉뚱한 색이 보이면 큰일이겠지요? 그래서 수술복을 아예 청록색으로 바꾸고 나니 이러한 잔상이 없어졌다고 합니다.

잔상이란 눈에 들어온 자극이 없어진 후에도 계속 남아서 보이는 듯한 느낌을 주는 현상입니다. 영화는 잔상을 이용한 대표적인 예로, 영사기는 보통 정지된 화면 24장을 1초 동안 빠르게 보여 줍니다. 우리가 화면들이 연속되는 것처럼 느끼는 이유는 앞선 화면의 잔상이 남기 때문이지요. 이런 잔상은 눈에 들어온 자극과 똑같은 감각이 남기에 '양성 잔상'이라고 합니다. 수술하는 의사들이 청록색 잔상을 보는 것은 반대로 '음성 잔상'인데, 빨간색 피라는 자극과 반대되는 청록색이 남는 것이지요. 촛불을 보다가 눈을 감으면 청록색 빛이 어른거리는 것도 음성 잔상입니다.

30도의 물에 손을 담그더라도 직전에 어떤 물에 손을 담갔느냐

---

* 두 가지 색을 섞었을 때 하양이나 검정이 되면 서로 보색 관계라고 한다.

에 따라 수온이 다르게 느껴집니다. 20도의 물에 먼저 손을 담갔다면 따뜻하게 느껴지지만, 40도의 물에 먼저 손을 담갔다면 반대로 시원하게 느껴지지요. 이처럼 사람의 감각은 경험끼리 비교하면서 자극을 인식합니다. 온도를 숫자로 표시하는 온도계와는 다르지요. 성질이 다르거나 반대인 두 자극을 접하면 자극이 강해지는데 이를 대비 현상이라고 합니다. 대비 현상을 색에 대입한 것이 '색채 대비'이고요. 한여름 풀밭에서 빨간 꽃이나 열매는 눈에 띄지만 초록색 개구리는 좀처럼 보이지 않는 것도 색채 대비의 예입니다. 빨강과 초록이 보색 관계에 가까워서 눈에 잘 띄는 것인데, 이를 보색 대비라고 합니다. 색채 대비는 회화나 디자인 같은 분야에서 기본 중 기본입니다. 8가지 색채 대비를 간단히 살펴보겠습니다.

우선 자극이 지속된 시간의 차이에 따라 '계속 대비'와 '동시 대비'로 나뉩니다. 계속 대비는 두 가지 색을 연달아 보았을 때 먼저 본 색이 나중에 보는 색에 영향을 끼치는 현상입니다. 빨간색을 본 뒤 다른 색을 보면 청록색 잔상이 남는 것도 계속 대비의 예이지요. 동시 대비란 두 가지 이상의 색을 동시에 볼 때 색의 속성이 다르게 인식되는 현상입니다. 동시 대비는 색의 3요소에 따라 '색상 대비', '명도 대비', '채도 대비'로 분류합니다.

색상 대비는 색들이 서로 대조되어 색상을 실제와 다르게 인식하는 경우입니다. 대조가 강할수록 눈에 잘 띄는데요, 예를 들어 주황은 비슷한 색인 노랑보다 초록과 인접할 때 더욱 뚜렷해집니다. 명도 대비는 이웃한 색의 밝기 차이를 본래보다 크게 느끼는 현상을 가리킵니다. 똑같은 색도 어두운 배경에 두면 더 어둡게, 밝은 배경에 두면 더 밝게 느껴지지요. 특히 검은색과 하얀색과 회색은 서로 밝기 차이가 크기 때문에 명도 대비가 뚜렷이 나타납니다. 먹으로만 그리는 수묵화는 먹의 농담 변화로 명도 대비를 일으키는 좋은 예이지요. 채도 대비는 색의 탁함과 선명함이 달라 보이는 현상입니다. 앞선 대비들과 비슷하게 같은 색도 채도가 높은 배경에 두면 더 선명해 보이고, 채도가 낮은 배경에 두면 더 탁해 보이지요.

그 밖에 함께 두는 색의 성질에 따라 '보색 대비', '한난 대비', '면적 대비', '연변 대비'가 일어납니다. 앞서 설명한 보색 대비는 보색끼리 어울렸을 때 각각의 색이 더 선명해지는 현상입니다. 눈에 보색의 잔상이 남기에 색이 두드러지는 것이지요. 예를 들면 똑같은 빨간색도 주황색보다는 초록색과 같이 보았을 때 더욱 뚜렷해집니다. 한난 대비는 색들의 배열에 따라 색의 온도감이 강조되는 것을 가리킵니다. 온도감이 중간인 초록과 파랑을 붙여 두면 파랑은 더 차갑게, 초록과 노랑을 붙여 두면 노랑은 더 따뜻하게 보입니다. 면적 대비는 같은 색임에도 면적에 따라 밝기와 선명함이 다르게 인식되는 현상입니다. 면적이 커지면 상대적으로 명도와 채도가 높게, 즉 더 밝고 선명해 보이지요. 그래서 디자이너들은 주제가 되는 색을 더 넓게 배치하여 강조하기도 합니다. 연변 대비는 경계 대비라고도 하는데 나란히 배치한 색들의 경계선에서 색상, 명도, 채도가 더 강하게 느껴지는 현상을 말합니다. 그래서 색들의 경계선이 위쪽으로 솟아오르거나 아래로 내려앉아 보이지요.

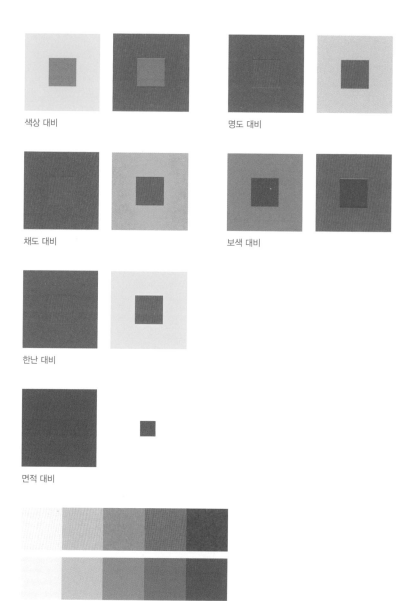

색상 대비

명도 대비

채도 대비

보색 대비

한난 대비

면적 대비

연변 대비

설명이 조금 어렵게 느껴지나요? 실제로 이런 색채 대비가 쓰인 예를 보면 이해하기 훨씬 쉽습니다. 회화, 조각, 산업 디자인 등 일상에서 색이 쓰이는 영역에는 대부분 색채 대비가 이용되고 있어 예를 찾기도 쉽지요. 여러분도 색채 대비를 잘 알아 두면 그림을 그리거나 옷을 입을 때 색들을 좀 더 조화롭게 활용할 수 있을 것입니다.

5

모든 빛을
흡수하는 색,
검정

겨울철에 옷장을 한번 열어 봅시다. 무슨 색 옷이 가장 많나요? 저는 검은 옷밖에 눈에 띄지 않네요. 검은색 아니면 짙은 회색이고요. 이러니 오랜만에 만난 친구들이 '까마귀'라고 놀려도 할 말이 없습니다. 옷을 비롯하여 우리가 일상에서 보는 검은 사물에는 모든 색이 담겨 있다고 해도 지나치지 않습니다. 우리 눈은 사물에 반사된 가시광선의 빛을 사물의 색이라고 인식하는데, 어떤 사물이 검정으로 보인다면 가시광선을 반사하지 않고 모두 흡수했다는 의미입니다. 검은색 사물은 어떤 빛도 놓치지 않고 모두 자기 속에 품은 욕심쟁이인 셈이지요. 다만 우리가 보는 검은색은 완벽하게 검지 않다는 사실을 기억하길 바랍니다. 칠흑 같은 검은색 사물도 자세히 분석하면 아주 약간이나마 다른 색의 빛을 반사하기 마련이거든요. 완벽한 검은색은 현실에 존재하지 않습니다. 과학자들은 그

무채색은 하양부터 검정까지 밝기의 차이만 있을 뿐이다.

야말로 모든 색을 완전히 흡수하는 가상의 물체에 '흑체'라는 이름
을 붙였지요.

검은색은 '무채색'에 속합니다. 무채색은 색의 3요소 중 색상, 채
도가 없고 명도 차이만 있는 색들입니다. 이와 달리 빨강, 노랑, 초
록 등 색상, 채도, 명도가 모두 구분되는 색을 유채색이라 하고요.
어떤 사물이 무채색을 띠는 것은 가시광선의 모든 영역을 고르게
흡수하거나 반사하기 때문입니다. 예컨대 빨간색 사물은 가시광선
중 빨간색 영역을 더 많이 반사하지만 무채색은 그렇게 특정 영역
만 반사하지는 않는 것이지요. 하얀색, 회색, 검은색 등이 무채색에
해당하는데요, 정말로 색상과 채도를 구분할 수 없지요? 오로지 밝
을수록 하얀색에 가깝고 어두울수록 검은색에 가까울 뿐입니다. 모
든 색을 흡수하면 검은색으로 보이는 데 비해 모든 색을 반사하면
하얀색으로 보입니다.

여기까지만 읽으면 검은색을 탐욕스러운 색으로 여길지도 모릅
니다. 하지만 검은색에는 이보다 훨씬 다양한 의미가 숨어 있습니
다. 지금부터 깊이를 알 수 없는 검은색의 세계로 떠나 봅시다.

검정은 색도 아니야!

제가 초등학생이었을 때, 미술 시간에 검정 수채화 물감을 사용했다가 선생님께 지적을 받고 의아해했던 적이 있습니다. 선생님께서는 이유도 알려 주지 않고 검은색은 색이 아니니 사용하지 말라고 하더군요. 왜 검은색은 색이 아닌지 머릿속 한구석에 의문을 품고 지냈지요. 나중에 미술사를 공부하면서 선생님의 지적이 어디에서 비롯되었는지 알게 되었습니다.

19세기 후반, 프랑스에서 활동하던 인상주의 화가들은 검정은 색이 아니라고 주장했습니다. 그들의 주장은 뉴턴 이후 발달한, 빛과 색에 대한 과학 연구를 바탕으로 하고 있었지요. 검은색에 대한 인상주의자들의 주장을 살펴보기에 앞서 인상주의란 무엇인지 알아볼까요?

인상주의는 빛과 색에 대한 사람들의 생각이 바뀌면서 등장했습니다. 광학이 발전하면서 사람들은 모든 물체에 고유한 색이 있는 것이 아니라, 빛에 의해 물체의 색도 변한다는 사실을 알게 되었습니다. 인상주의 화가들은 물체의 표면에서 반사된 빛이 만들어 내는 한순간의 인상을 작품에 담으려 했는데요, 그래서 모네와 피사로 같은 화가들은 생생한 빛의 변화를 담기 위해 화실에서 벗어나 이젤을 들고 야외로 나가기도 했습니다. 자연의 색은 시시각각 변합니다. 맑은 날, 흐린 날, 새벽녘, 저물녘, 모두 다른 색을 띠지요. 계속해서 변하는 인상을 포착하려다 보니 인상주의 화가들은 세세한 묘사를 생략한 채 빠르게 그림을 그렸습니다. 그런데 문제는 화가들의 무기가 물감이었다는 점입니다. 물감의 색은 많아야 20여 가지에 불과해서 다른 색을 쓰려면 일일이 물감을 섞어야 했는데, 시간이 걸리는 데다 섞을수록 색이 탁해진다는 한계가 있었지요. 인상주의 화가들은 빛을 표현하기 위해 이전에 없던 방법을 개발했습니다. 물감을 섞지 않고 점을 찍듯이 붓질을 하는 것입니다. 예를 들어 빨간색 점과 노란색 점을 서로 엇갈리게 촘촘히 찍고 멀리 떨어지면 어떻게 보일까요? 네, 주황색으로 보이겠지요. 이렇게 점들을 찍어서 그리는 방법을 '점묘법'이라고 합니다. 인상주의 화가들은 뉴턴이 프리즘으로 무지개를 만들어 냈듯 붓을 이용해 빛을 무수한 점으로 해체한 것입니다.

다시 인상주의와 검은색으로 돌아가지요. 무지개의 7가지 빛을 모두 합치면 무슨 색 빛이 될까요? 답은 무색입니다. 무지개의 빛깔은 가시광선이 분리된 것이니 다시 합치면 색이 없어지지요. 그렇다면 검정은 빛을 어떻게 해야 만들어질까요? 간단합니다. 빛이 사라지면 되지요. 검정은 사물이 모든 빛을 흡수해도 만들어지지만, 모든 빛이 없어져도 만들어집니다. 인상주의 화가들은 검정을 빛이 없는 상태라고 생각했습니다. 빛을 표현하는 그들로서는 색이 없는 셈이었지요. 그래서 검정은 색이 아니라고 주장한 것입니다. 어때요, 꽤 타당하지요?

인상주의 화가들은 검정 대신 주로 짙고 어두운 색을 쓰곤 했지만, 모든 인상주의 화가들이 검정을 버린 것은 아닙니다. 인상주의

프랑스 화가 조르주 쇠라의 「서커스 사이드쇼」(위)와
그 일부를 확대한 그림(아래). 쇠라는 색채학과 광학을
연구하며 점묘법의 기틀을 다졌다.

의 아버지라고 평가받는 마네는 많은 작품에서 검정을 이용했고, 르누아르는 코끼리의 상아를 태워 만든 검은색 물감을 애용했거든 요. 심지어 르누아르는 검정을 '색의 여왕'이라고까지 말했습니다. 고흐 역시 검은색 물감을 자제하라는 동생의 의견에 반대한 적이 있는데요, 외려 고흐는 더욱더 짙은 검정을 표현하기 위해 프러시 안블루 등을 검정 안료에 섞기도 했습니다.

잿더미에서 검정을 찾다

물감 이야기를 한참 했으니, 내친김에 인류가 어떻게 검은색을 만들었는지 순서대로 따라가 보겠습니다. 자연에서 검은색을 손에 넣을 수 있는 가장 쉬운 방법을 생각해 보세요. 무언가를 태우고 남 은 재나 숯이 떠오르지 않나요? 옛사람들의 생각도 우리와 다르지 않았습니다. 최초의 검정은 숯에서 얻었거든요. 구석기 시대 사람 들은 숯을 이용해서 무언가를 그리거나 기록했습니다. 동굴 벽화를 그릴 때도 숯으로 윤곽선을 묘사했고, 숯을 손에 칠해 바위에 손자 국을 남기기도 했지요.

언어에도 이때의 흔적이 남아 있는데요, 검정을 뜻하는 영어 단 어 '블랙(black)'은 '타는 것'을 뜻하는 라틴어에서 비롯되었습니다. 한자 '흑(黑)'은 불을 피워 창이 검게 그을렸다는 의미를 품고 있고 요. 우리말 '검댕' 역시 검은색과 불이 타고 남은 그을음이 결합된

먹 만드는 과정을 묘사한 15세기 중국의 그림.
그을음을 모으기 위해 가마 안에서 소나무나 식물성 기름을 태웠다.

단어입니다.

동양에서는 기원전 2000년 무렵부터 검은색 먹을 만들었습니다. 처음에는 흑연으로 만든 석묵을 쓰거나 석묵을 물에 녹인 뒤 옻을 섞어서 사용했지요. 지금 우리가 쓰고 있는 먹은 한나라 때부터 만들어졌습니다. 늙은 소나무를 태우면 생기는 그을음에 아교를 섞어서 먹을 만들었는데, 이것을 '송연묵'이라고 부릅니다. 약간 파란색을 띠어서 청묵이라고도 하고요. 송연묵은 오랫동안 유일한 먹으로 쓰였지만 송나라 때 '유연묵'이 등장하며 조금씩 밀려납니다. 유연묵은 아주까리씨, 참깨 등 식물 씨앗에서 짜낸 기름을 태울 때 생기는 그을음으로 만드는데, 약간 갈색을 띠고 있어 갈묵이라고도 부릅니다. 유연묵 중에서는 참기름으로 만든 먹을 으뜸으로 쳤다고 하지요. 유연묵과 송연묵은 미묘하게 색감이 달랐기 때문에 수묵화에서 다른 용도로 쓰였습니다. 구름, 연기, 물 등을 묘사할 때는 파란색이 감도는 송연묵이 알맞았고, 산이나 바위, 나무 등을 그릴 때는 갈색을 머금은 유연묵을 사용했지요. 두 가지 먹은 지금도 쓰이고 있어서 우리나라에는 전통적인 방법으로 유연묵과 송연묵을 만드는 장인들이 있습니다.

그을음으로 검은색을 만드는 것은 서양도 마찬가지라, 고대 이집트에서는 기름을 태우고 생긴 그을음을 접착제와 섞어 검정을 만들었습니다. 이런 방법은 개량을 거치며 오늘날까지 이어지고 있는데, 대표적인 예가 물감, 페인트, 잉크, 토너 등의 원료인 '카본블랙(carbon black)'입니다. 카본블랙은 가스, 기름, 목재 등을 태우고 남은 탄소 가루를 가리키며 쉽게 표현하면 그을음과 같은 것이지요.

'탄소로 만든 검정' 하면 흑연을 꽂은 연필을 떠올리는 사람들도 많겠지요. 하지만 오래전에는 흑연이 아닌 납을 이용했습니다. 연필의 연(鉛) 자도 흑연과 더불어 납을 뜻하지요. 고대 그리스와 로마에서는 나무 끝에 납 조각을 꽂아서 양피지에 글을 썼습니다. 납은 손으로 쉽게 구부릴 수 있을 정도로 부드러워서 글씨를 쓰기에 편리했지요. 납을 꽂은 연필은 르네상스 시대까지 널리 쓰였습니다. 납에다 주석을 섞어서 더 단단하게 만들었는데, 레오나르도 다빈치가 남긴 스케치들 중 일부는 이런 연필로 그린 것입니다.

우리에게 익숙한 연필은 16세기 중반 영국에서 질 좋은 흑연이 발견되며 만들어지기 시작했습니다. 1795년에는 프랑스인 자크 콩테가 흑연과 점토를 섞어서 반죽한 뒤 굽는 방법을 고안했지요. 오늘날도 이와 같은 방법으로 연필심을 만드는데, 흑연과 점토의 비율을 조정하면 연필심의 성질도 마음대로 바꿀 수 있습니다. 연필심의 성질은 HB나 4B 같은 등급으로 표시하며 H는 단단함, B는 진함을 뜻하지요. H 앞에 숫자가 높을수록 연필심이 단단하여 색이 연하고, B 앞에 숫자가 높을수록 연필심이 물러서 색이 진합니다. HB는 중간 단계에 자리한 표준 연필을 의미하고요. 미술 시간에 자주 깎아야 해서 귀찮은 4B 연필을 굳이 쓰라고 했던 데는 무르지만 진하다는 이유가 있었던 것입니다.

앞서 제 옷장에 검은색 옷밖에 없었다고 했지요? 지금이야 누구나 입는 무난한 색이지만 사실 직물을 검은색으로 염색하기란 쉽지 않았습니다. 그을음에서 얻은 검은색을 써도 어두운 회색으로 물들 뿐이거든요. 진한 검은색 염료는 생각지 못한 곳에서 얻었습니다. 바로 벌이 나무에 알을 낳아 생긴 혹이었지요.

벌 같은 곤충이 나무에 알을 낳으면 가지나 잎에 혹 같은 것이 생겨납니다. 이를 '오배자' 혹은 '벌레혹'이라고 하는데, '타닌' 성분을 함유한 이 혹을 모아서 잘게 빻은 뒤 철의 화합물과 반응시키면 검은색에 가까운 짙은 남색 염료가 됩니다. 검정 염료의 원료로는 주로 몰식자벌이 만든 벌레혹을 이용하는데, 그중에서도 참나무

오크에 벌이 알을 낳아 생겨난 벌레혹.
14세기 무렵부터 검정 잉크와
염료의 원료로 쓰였다.

에 생겨난 혹에서 진한 검정을 얻을 수 있었지요. 이렇게 만든 염료
는 2,000여 년 전부터 가죽이나 머리카락을 염색하는 데 사용되었
고, 수백 년 동안 잉크의 재료로도 쓰였습니다. 특히 인도에서는 인
디고로 염색한 비단에 다시 벌레혹에서 뽑은 검정을 물들여서 푸른
윤기가 도는 아름다운 검정 비단을 만들어 냈지요.

19세기 말에 이르러서야 검은색 합성염료가 만들어졌습니다. 그
이후 검정은 대중에게 널리 퍼져 갔고, 사람들의 옷장에 검은색 옷
이 빠지지 않게 되었지요.

검은색은 불길하다?

달빛도 별빛도 없는 어두운 밤, 가로등이 고장 난 골목을 홀로 걸

어가면 어떤가요? 나도 모르게 걸음이 빨라지고 얼른 밝은 곳으로 가고 싶어지지요? 어둠을 두려워하는 것은 사람의 본능인지도 모릅니다. 선사 시대에는 지금보다 더했겠지요. 모닥불을 제외하면 밤을 밝히는 빛이 전혀 없었으니까요. 모닥불조차 없으면 언제 들짐승이 닥칠지 몰라 눈도 제대로 못 붙였을 것입니다. 모든 것을 지워 버리는 어둠은 흡사 죽음과도 같습니다. 그 때문에 어둠의 색 검정은 오랫동안 공포와 죽음 그리고 악마를 상징했지요.

중세 유럽에서 흑염소, 검은 고양이, 까마귀 등은 사람들에게 미움받는 동물이었습니다. 기독교에서 악마는 흑염소의 머리에 검은 박쥐의 날개를 지닌 모습으로 묘사되기도 했지요. 또한 검은 고양이는 마녀가 기르는 동물이라는 인식 탓에 무차별로 죽임을 당했고요. 유럽에서 페스트가 걷잡을 수 없이 퍼졌던 이유 중에 하나로 당시에 벌어진 고양이 학살이 꼽히기도 합니다. 고양이가 적어진 탓에 병을 옮기는 쥐가 폭발적으로 늘어났다는 것이지요. 페스트를 흑사병(黑死病)이라고도 하지요? 그 명칭 역시 유럽에서 페스트를 '검은 죽음'이라고 부른 데서 유래한 것입니다.

검정에 대한 부정적인 인식은 지금도 이어지고 있습니다. 예컨대 1929년 미국에서 주식이 대폭락한 날을 가리키는 '검은 목요일', 상대방을 협박하는 내용을 담은 '블랙 메일', 근거 없이 상대방을 모략하여 혼란을 일으키는 '흑색선전', 비밀리에 감시해야 하는 사람들을 정리한 '블랙리스트' 등 검은색이 포함된 부정적인 단어는 아주 많지요.

서양에는 지금도 길을 가다 검은 고양이를 마주치면 불길한 징조라는 미신이 남아 있다.

검정에 대한 부정적인 인식은 유럽 문화에서 두드러집니다. 오히려 고대 이집트에서 검은색은 비옥한 토지와 비슷한 색이라 풍요를 상징했고, 중국과 우리나라 등에서는 오로지 검은색 먹으로만 그리는 수묵화가 오랫동안 사랑받았지요. 그러니 검정에 대한 사람들의 생각은 시대, 지역, 문화에 따라 달랐다고 해야겠습니다. 그럼에도 굳이 검정에 대한 부정적인 인식을 다루는 것은 우리에게 반면교사가 되기 때문입니다. 검은색을 꺼리는 데서 나아가 검은색은 나쁘거나 잘못된 것이라고 가치를 부여하면 자칫 비극이 벌어질 수도 있거든요. 대표적인 예가 지금도 완전히 해결되지 않는 흑인 차별이지요. 나와 피부색이 다르다는 이유만으로 차별하는 것은 어떤 폄계를 대도 용서받지 못할 일입니다.

어떤 색을 좋아하거나 싫어하는 것까지는 문제가 아닙니다. 취향이야 당연히 있는 법이니까요. 다만 내가 좋아하지 않는 색이라는 이유만으로 잘못되거나 나쁜 것으로 취급해서는 안 됩니다. 자칫하여 일상에서 취향이 차별로 이어지지 않도록 조심해야겠습니다.

검정으로 부리는 예술, 수묵화

중국과 우리나라 등에서 즐겨 그렸던 수묵화는 오로지 검은색 먹만을 사용하여 그리는 그림입니다. 여러분도 미술 시간에 시간과 수고를 들여 먹을 갈고 난을 그려 본 적이 있지요? 수묵화에서 먹은 단순한 검정이 아니라 세상 만물의 색으로 쓰입니다. 색의 번짐이나 농담을 조절하여 모든 대상의 형태와 색을 표현하지요. 중국 당나라의 시인이자 화가이던 왕유는 "화도지중 수묵최위상(畵道之中 水墨最爲上)", 즉 그림을 그리는 모든 방법 중 수묵화가 으뜸이라고 했습니다.

선과 여백의 조화를 중요시하는 수묵화는 대대로 정신 수양의 수단이기도 했습니다. 문인들이 수묵화를 즐겨 그렸기 때문에 '문인화'라고 부르기도 하지요. 문인들은 시·서·화, 즉 시와 글과 그림을 조화롭게 익혀야 한다고 생각했습니다. 문인화에서 중요한 것은 사물의 형태가 아닌 그림에 담긴 내용과 정신입니다. 송나라의 문인

소동파는 사물의 형태로만 그림을 논한다면 어린아이와 다름없는 셈이라고 하기도 했지요. 유럽의 인상주의 화가들이 빛의 변화를 섬세하게 포착하려 했다면, 중국과 우리나라의 문인들은 눈에 보이지 않는 정신세계를 수묵화에 담으려 노력했습니다.

우리나라 문인화의 경향은 시간이 흐르면서 변화를 겪습니다. 이건 그림을 직접 보는 게 더 좋겠네요. 겸재 정선이 그린 「인왕제색도」입니다. 정선이 76세이던 1751년 여름에 인왕산을 직접 보고 그렸다고 하지요. 비가 내린 산에 안개가 피어오르는 순간을 표현했는데, 우람한 바위와 그 아래 숲이 단순하면서도 대담한 구도를 이루고 있습니다. 마치 바로 앞에서 인왕산을 마주하는 것 같지요? 가까이에 자리한 나무들과 집은 위에서 내려다보는 시점으로 그렸고, 산 위에 바위는 멀리서 올려다보는 시점으로 그린 덕입니다. 정선은 먹만 사용했지만 다양한 표현법으로 자연을 활력 넘치게 묘사했습니다. 비에 젖은 거대한 바위를 그릴 때는 먹물을 잔뜩 머금은 붓을 굵직하게 아래로 내리그어서 진하게 그렸고, 산의 능선은 먹에 물을 많이 섞어서 흐릿하게 그렸지요. 아예 여백으로 처리한 안개는 그림에 신비로움을 더합니다. 무엇보다 두드러지는 특징은 바로 '직접 보고 그렸다'는 것입니다.

화가가 직접 본 풍경을 객관적으로 그리다니, 정신을 묘사하려 했다는 문인화의 특징과 사뭇 다르지요? 「인왕제색도」는 조선 후기에 등장한 화풍인 진경산수를 대표합니다. '진경(眞景)'이란 말 그대로 '실제 풍경'을 뜻하지요. 진경산수는 그 이전의 화풍을 반성하면

정선의 대표작 중 하나인 「인왕제색도」. 먹의 농담과 붓질만으로 자연을 섬세하게 묘사했다.

서 만들어졌는데요, 이 배경을 이해하려면 먼저 당시 조선의 그림이 어땠는지 알아봐야 합니다.

조선의 그림은 갈수록 맹목적으로 중국을 좇게 되었습니다. 무슨 말이냐고요? 애초에 조선의 화풍은 중국에서 건너온 것이었습니다. 그렇다 보니 조선 화가들에게는 중국의 그림이 모범이 되었지요. 그런데 문제는 중국의 그림을 참고하는 수준에서 나아가 그대로 따라 그렸다는 것입니다. 조선에서 그려졌음에도 등장인물의 차림새는 중국의 것이었고, 심지어 그림에 등장하는 동물도 조선의 황소가 아닌 중국의 물소일 정도였지요. 본질에서 벗어나 국적 불명의 그림이 되어 버린 것입니다.

그러던 와중에 중국에서는 명나라가 망하고 청나라가 들어섭니다. 조선에서 오랑캐라고 무시하던 여진족이 중국을 통일한 것이지요. 처음에 조선에서는 청나라를 중국으로서 인정하지 않았습니다. 명나라가 망했으니 이제는 조선이 세상의 중심이라는 생각이 고개를 들기 시작했고요. 그제야 조선의 풍경이 눈에 들어왔습니다. 조선에 대한 자긍심이 강해지면서 본 적도 없는 중국 땅보다는 우리네 산수를 그려야 한다는 생각이 퍼졌지요. 그 과정에서 등장한 것이 진경산수입니다. '진경'이라는 말에는 '실제로 있는 풍경'이라는 의미와 더불어 '우리의 진짜 풍경'이라는 뜻도 있었지요. 진경산수는 단순히 풍경을 사실적으로 그린 그림이 아닙니다. 그 속에는 옛사람들의 자긍심이 고스란히 담겨 있지요.

우리 곁에 자리한 검은색

지금까지 동서양을 넘나들며 검은색이 사람들과 어떻게 함께해 왔는지 살펴봤습니다. 그렇다면 지금은 어떨까요? 이런저런 색들로 풍요로운 시대이지만, 검은색은 유행을 타지 않는 세련된 색으로 널리 사랑받고 있습니다. 일단 옷이 먼저 떠오르네요. 검은 옷을 입은 사람은 차분해 보이고, 빛을 흡수하는 검정의 성질 덕에 날씬해 보이기도 합니다. 유명 디자이너들의 패션쇼를 봐도 검은색은 빠지지 않고 등장하지요.

잠시 역사 이야기로 돌아가자면 검은 옷이 인기를 끌기 시작한 건 그리 오래전 일이 아닙니다. 검은 옷은 르네상스 시대에 상인 등이 즐겨 입었지만, 16세기 유럽에서 일어난 종교 개혁*을 계기로 더욱 널리 퍼졌습니다. 종교 개혁을 주도한 이들은 중세 가톨릭교의 모든 것을 비판했는데요, 그중에는 성직자들이 입던 빨간 옷도 포함되었습니다. 이는 나아가 화려한 색깔을 비난하는 것으로 이어졌지요. 특히 종교 개혁을 주도한 루터는 타락한 가톨릭교의 상징이라며 빨간색을 혐오했다고 합니다. 칼뱅과 츠빙글리 같은 종교 개혁가들 역시 화려한 옷을 죄악이라고 여겨서 소박하고 간결한 옷차림, 즉 검은 옷을 입어야 한다고 주장했고요. 결국 개신교도들에게 검은색 옷차림은 미덕으로 자리 잡았습니다.

---

* 16세기 초 유럽에서 가톨릭교에 반대하며 일어난 운동. 개인의 신앙과 성경 해석을 강조했고, 그 결과 개신교가 성립되었다.

아이러니하게도 유럽에 검은 옷이 유행하는 데 큰 역할을 한 또 다른 사람들은 가톨릭교를 믿던 에스파냐 왕가였습니다. 특히 16세기에 에스파냐를 다스린 펠리페 2세는 화려한 복장이 아닌 검은 옷을 애용한 것으로 유명하지요. 이후로 유럽에서 검은 옷은 권위와 위엄 역시 상징하게 되었습니다. 그때의 흔적은 오늘날에도 남아 있어서 공식적인 행사에서 입는 예복에는 압도적으로 검은색이 많이 쓰이지요.

일상에서 접하는 검은색 옷이라면 죽음을 애도하며 입는 상복도 빠뜨릴 수 없지요. 검정 상복은 기독교 문화에서 유래한 풍습입니다. 기독교에서 검정은 죽음에 대한 슬픔을 상징하거든요. 하양은 부활을 상징하고요. 그래서 죽은 이에게는 하얀 옷을 입히고, 죽은 이를 보내는 이들은 검은 옷을 입었습니다. 본래 우리나라에서는 하얀 상복을 입었는데, 이는 동양에서 하양이 자연 그대로의 상태를 뜻하기 때문입니다. 그래서 직물도 가공하지 않은 삼베 등을 이용했고요. 하지만 일제 강점기 이후 서양 문화가 들어오면서 삼베로 만든 상복은 보기 힘들어졌습니다.

검정은 옷뿐만 아니라 텔레비전, 컴퓨터, 카메라, 스마트폰 등 공산품에 가장 일반적으로 쓰이는 색이기도 합니다. 왜 그럴까요? 유채색은 각각의 색이 지닌 개성이 강하기 때문입니다. 그에 비해 검은색은 제품 자체에 주목하게끔 하지요. 역사적인 맥락에서 살펴보자면 산업 혁명이 일어나 공산품이 처음 대량 생산되던 때에 근면, 성실, 절제 같은 개신교의 윤리를 강조하기 위해서 검정이 주로 쓰

루터가 자신을 탄압할 목적으로 열린 보름스 회의에서 당당하게 의견을 밝히는 장면을 묘사한 그림.
검정 일색인 루터의 복장이 다른 인물들과 사뭇 비교된다.

였습니다. 처음으로 대중용 자동차를 생산한 헨리 포드도 자신의
종교적 믿음 때문에 다양한 색상의 차를 원하는 고객들의 요청을
오랫동안 무시했다고 하지요. 한창 다양한 합성염료가 발명되며 색
이 풍요로운 시대를 맞이하던 때에 정작 공산품은 검정밖에 없었다
니 좀 심심하기도 합니다.

　오늘날 고급스러운 제품의 색은 대부분 검정입니다. 검은색 제품
에 다른 색이 약간 더해지면, 그 색이 검정 덕에 돋보이며 더욱 눈

길을 끌지요. 빛을 모두 흡수하는 검정이 사람들의 시선까지 끌어 당긴다는 점이 재미있습니다. 여러분도 주위에 있는 검은색 제품을 찾아보세요. 그리고 그 제품이 다른 색이었다면 인상이 어떻게 변할지 상상해 봅시다.

6
마냥
순수하지 않은 색,
하양

수수께끼를 하나 내지요. 하양은 과연 색일까요, 색이 아닐까요? 이에 대한 답은 앞서 이야기한 검정과 비슷합니다. 하양은 검정과 다른 것 같지만 닮은 구석도 많거든요. 앞서 물체가 모든 빛을 흡수 하면 검은색으로 보인다고 했지요? 그와 반대로 물체가 모든 빛을 균일하게 반사하면 하얀색으로 보입니다. 또한 검정은 빛이 전부 없어진 상황을 뜻하지만, 하양은 모든 빛이 합쳐진 상황을 뜻합니다. 뉴턴이 프리즘으로 나눈 빛을 모두 합치면 하얀색, 즉 무색 빛이 되지요.

오래전부터 사람들은 하얀색과 빛이 서로 다르지 않다고 여겼습니다. 일례로 우리말 '하얗다'의 어원은 태양과 연관되어 있습니다. 이뿐만 아니라 하양을 뜻하는 프랑스어 '블랑(blanc)', 이탈리아어 '비안코(bianco)', 독일어 '블랑크(blank)'는 모두 '빛나는, 밝은'이라는 의미도 품고 있지요.

오늘날 청결함이 중요한 장소나 물건에는 대부분 하양이 쓰이고 있습니다. 요리사, 의사, 간호사 등의 복장은 대체로 하얀색이지요. 지금이야 다양해졌지만 불과 얼마 전까지만 해도 속옷은 당연히 하양이었고요. 특히 병원은 하얀색과 떼려야 뗄 수 없는 장소입니다. 간호사와 의사의 복장을 비롯해 벽, 침대, 구급차 등에도 하양이 빠지지 않고 들어가 있지요. 왜 병원은 하얀색으로 도배가 되어 있을까요? 근대 이후 의학의 발달에 주목해야 하는데요, 당시 의학자들은 병이 더러움에서 비롯된다고 생각했습니다. 더러운 곳에서 병을 일으키는 세균이 자라나기에 병원은 반드시 청결을 유지해야 한다고 했지요. 세균이 없는 깨끗한 장소란 티끌 하나 없는 하얀색과도 닮았지요? 그래서 19세기부터 의사들은 하얀 가운을 입기 시작했습니다. 의사와 간호사, 약사 등이 하얀 복장을 입은 것은 실용적인 이유보다는 환자에게 신뢰를 주기 위해서였던 셈입니다. 빛과 청결을 상징하는 하양, 하지만 이 정도로는 하양이 어떤 색인지 알았다고 할 수 없습니다. 그저 순수한 것 같은 하얀색에는 훨씬 많은 사연이 담겨 있거든요.

나라에서 막더라도 흰옷이 좋아

우리 민족을 가리켜 '백의민족(白衣民族)'이라고 하지요? 백의란

말 그대로 하얀 옷을 가리킵니다. 그만큼 우리 민족이 하얀 옷을 즐겨 입었다는 말이지요. 중국에서 쓰인 역사책인 『삼국지』*의 「위지 동이전」을 보면 부여 사람들이 하얀 옷을 즐겨 입었다는 기록이 있습니다. 신라 사람들이 하얀 옷을 좋아했다는 기록도 중국 역사책에 남아 있지요. 조선 후기에 고종의 할아버지 남연군의 묘를 도굴한 독일 상인 오페르트는 자신의 책 『금단의 나라 조선』에 조선 사람은 남자나 여자나 모두 옷이 하얗다고 쓰기도 했고요.

우리 민족이 좋아했던 하양은 엄밀히 말해 '소색(素色)'입니다. 염색과 표백을 하지 않은 무명이나 삼베의 색을 소색이라고 하는데요, 오늘날의 기준에서는 미색이나 베이지에 가깝습니다. '소(素)'라는 한자는 '하양'을 의미하지만 어원을 파고들면 '본래 그대로'라는 뜻도 품고 있습니다. 즉 소색이란 '자연 그대로의 색', '색이 없는 색'인 셈입니다. 우리나라에서 전통적으로 입던 하얀 상복 역시 정확하게 표현하면 사람이 가공하지 않은 소색 상복이라고 할 수 있지요.

우리나라에서는 삼국 시대 전부터 하얀 옷을 즐겨 입었지만 언제나 환영받았던 것은 아닙니다. 나라에서 백성들이 하얀 옷을 입지 못하도록 금지한 적도 있었거든요. 고려 충렬왕 때는 고려가 중국을 기준으로 동쪽에 위치하므로 오행 중 '목(木)'에 해당하고, 오방색으로는 파란색이기에 하얀 옷이 아닌 파란 옷을 입으라고 명을

---

* 역사책 『삼국지』는 3세기에 진나라 진수가 펴냈으며, 소설 『삼국지연의』는 14세기에 나관중이 지은 것이다.

조선 시대 김홍도가 그린 「벼타작」, 일을 하는 평민들과
편하게 누워 있는 양반이 모두 하얀 옷을 입고 있다.

내렸지요. 조선 시대에도 태조, 태종, 세종, 인조, 현종, 숙종, 영조 등 여러 임금들이 하얀 옷을 금지했고요. 고려 때와 마찬가지로 오방색에 근거하여 파란 옷을 권하기도 했지만, 하얀 옷은 상중에 입어야 하는 옷이라서 또는 하얀 옷을 세탁하느라 물과 노동력이 낭비되어서 등 이유도 다양했습니다. 고종 역시 파란 옷을 장려했다가 백성들이 하도 고집을 부린 탓에 아예 법으로 하얀 옷을 금지하기도 했지요.

백의가 민족의 정체성을 상징하는 옷으로 부각된 것은 일제 강점기입니다. 일본은 우리나라 사람들에게 검은 옷을 입도록 강요했습니다. 전통을 무너뜨려서 민족의 정체성을 약화시키려는 정책이었지요. 그래서 하얀 옷을 입으면 관공서 출입을 막기도 했고요. 일제가 강요할수록 우리나라 사람들에게 하얀 옷은 항일의 상징이 되었습니다. 일본이 제2차 세계 대전에서 패하기 직전까지도 하얀 옷을 금지할 정도로 우리나라 사람들은 하얀 옷을 애용했지요. 하지만 해방 후 서양의 의복 문화가 들어오면서 하얀 옷은 일상과 멀어졌습니다. 오늘날 하얀 옷은 멋지게 소화하기 힘들고 때도 쉽게 타서 오히려 사람들이 좀처럼 입지 않는 옷이 되었지요.

우리 민족이 어째서 그토록 하얀 옷을 즐겼는지 명확한 이유는 밝혀지지 않았습니다. 태양을 숭배하는 신앙이 하얀 옷으로 드러났다든지, 염료가 부족했던 시기에 입던 하얀 옷을 계속 애용했다든지, 조선 시대에 가족은 물론 왕족이 죽었을 때도 하얀 상복을 3년씩 입다 보니 아예 평소에도 하얀 옷만 입게 되었다든지 하는 여러

가지 설이 있지요. 이유가 무엇이든 하양이 대대로 우리와 밀접했다는 사실만은 분명합니다.

고려는 청자? 조선은 백자!

조선은 유독 하양과 연이 깊은 나라였습니다. 앞서 설명했듯 문인화도 먹만큼이나 하얀 여백의 미를 중요시했지요. 조선의 하양을 잘 보여 주는 또 다른 예는 백자입니다. 우리나라에서 백자가 처음 만들어진 때는 통일 신라 말까지 거슬러 올라가야 합니다. 고려에서도 백자가 꾸준히 만들어졌지만 아름답게 꽃피운 것은 조선 시대였기에 흔히 고려는 청자, 조선은 백자라고 생각하지요. 조선 시대에 백자가 유행한 데는 성리학*의 영향이 있었다고 합니다. 조선은 부패한 고려를 청산하기 위해 성리학을 이념 삼아 건국된 나라였습니다. 성리학은 외면보다 내면을 강조하며 절제되고 검소한 삶을 추구했기 때문에 화려한 청자보다는 소박한 백자를 선호했다는 것이지요.

다만 청자에서 백자로 단숨에 바뀐 것은 아닙니다. 그 사이에 '분청사기'가 만들어졌지요. 고려 말에 등장하여 조선 초기에 절정을 이룬 분청사기는 청자에 하얀 흙가루를 얇게 발라 구웠습니다. 하

---

* 송나라에서 처음 생겨난 유학의 한 파. 심성을 수양함으로써 인격과 학문을 성취할 것을 강조했다.

조선 초기에 만들어진 분청사기. 몸체 전체에 하얀 흙을 얇게 바른 뒤, 산화철이 들어 있는 안료로 물고기와 연꽃을 그렸다.

얀 흙과 유약을 이용해 도자기 표면에 다양한 문양을 그렸는데, 그 나름의 매력이 있었지요. 하지만 15세기 후반 조정에서 백자를 후원하면서 분청사기는 서서히 밀려났고, 16세기 임진왜란 이후에는 백자가 조선을 대표하는 도자기가 되었습니다.

앞서 청자에 당대 최첨단 기술이 집약되었다고 했지요? 백자에도 그에 못지않은 기술이 쓰였습니다. 청자에 쓴 흙보다 불순물이 적은 흙을 사용해서 빚고, 청자보다 높은 온도에서 구워야 했지요. 백자를 빚을 때는 고령토라는 흙을 쓰는데, 색이 하얘서 백토(白土)라고도 부릅니다. 고령토로 빚은 도자기가 하얀 것은 흙 속에 철 성분이 적기 때문입니다. 앞서 고려청자는 철 성분 때문에 파란색을 띤다고 했지요? 백자는 그 반대로 철 성분이 적은 덕에 다 구우면

맑고 깊은 하얀색을 띠는 것입니다.

백자도 청자처럼 처음에는 왕실을 위한 도자기로서 만들어졌습니다. 전국에 도자기를 만드는 분원을 두고 사옹원이라는 관청에서 관리했지요. 참고로 사옹원은 궁궐의 부엌살림을 맡았던 곳으로 음식뿐 아니라 그릇까지도 챙겼습니다. 경기도 광주시에는 분원리라는 지역이 있는데, 조선 시대에 분원이 있던 것에서 유래한 지명이지요. 분원을 설치할 때는 도자기를 빚을 흙과 가마에서 땔 땔감을 구하기 쉬운지, 그리고 도자기를 서울로 운반하기 좋은지 등을 종합적으로 고려했습니다. 경기도 광주시는 그러한 조건에 딱 맞춤한 곳이었다고 하지요.

조선 후기에 접어들며 백자는 시중에도 유통되기 시작했습니다. 누구나 쓸 정도는 아니었지만 다양한 일상 용기가 제작되었지요. 문양도 훨씬 다양해져서 단순하고 익살스러운 그림을 비롯해 벌레, 인물, 나무, 산수 등이 도자기에 그려졌습니다. 그렇다면 조선 후기를 대표하는 백자로 무엇을 고를 수 있을까요? 문양, 모양, 색 등이 모두 다르고 제각각 매력이 넘치기에 하나를 고르는 건 의미가 없을지도 모릅니다. 하지만 여기서는 제가 가장 좋아하는 조선 백자를 여러분에게 소개하겠습니다.

저는 '백자 달 항아리'를 첫손에 꼽습니다. 비슷한 백자가 여럿 만들어졌는데요, 사실 처음 보면 실망할지도 모릅니다. 모양도 단순하고 별다른 문양도 없으니까요. 그런데 느긋이 바라보면 묘한 매력이 있습니다. 비대칭인 둥근 모양은 완벽한 조형미는 없지만

18세기 조선에서 만들어진 백자 달 항아리. 원만한 모양과 따뜻한 하얀색이 담백한 매력을 자아낸다.

왠지 푸근한 인상을 주지요. 게다가 우유처럼 불투명한 하양은 차 갑지 않고 따뜻하면서도 부드러운 인상을 더하고요. 만약 하얀 바탕에 문양이 그려졌다면 인상이 전혀 달라졌을 겁니다. 미술사학자 최순우 선생은 이 항아리를 보고 "아주 일그러지지도 않았으며 더구나 둥그런 원을 그린 것도 아닌 이 어리숙하면서 순진한 아름다움에 정이 간다"라고 평했습니다. 저 역시 실제로 처음 보았을 때 어린 시절 부모님 품이 떠올랐고요.

백자 달 항아리는 18세기 전반에 경기도 광주시에 자리했던 분원에서 만든 것이라고 추정합니다. 높이는 40센티미터가 넘는데 한번에 빚을 수는 없었고, 상단과 하단을 따로 빚은 후 합쳐서 구웠지요. 그 때문에 도자기의 둥근 모양이 대칭형이 아닌 것입니다. 달 항아리는 비슷한 시기에 여러 개가 만들어졌는데, 장인마다 모양과 색 등에 조금씩 차이가 있어 닮은 듯 다른 느낌을 줍니다. 공장에서 뚝딱 찍어 내는 도자기로서는 따라 할 수 없는 매력이지요. 여러분도 기회가 된다면 수수하면서도 눈길을 사로잡는 달 항아리를 직접 보길 바랍니다.

한 가지만 덧붙이고 넘어가겠습니다. 가끔씩 고려청자보다 조선백자가 못하다는 식으로 오해하곤 하는데요, 청자와 백자는 애초에 바탕에 자리한 사상이나 추구하는 방향이 다릅니다. 그러니 굳이 두 도자기 사이에 우열을 가릴 것 없이 있는 그대로 아름다운 색과 모양을 즐기면 좋겠습니다.

하얀색을 동경한 신고전주의

 이번에는 바다 건너 유럽으로 눈을 돌려 볼까요? 유럽과 하얀색, 하면 무엇이 떠오르나요? 저는 고대 그리스의 신전이나 조각이 생각납니다. 새하얀 건물과 조각들이 지금도 위풍당당한 자태를 자랑하지요. 고대 그리스는 유럽 문화의 고향으로 여겨지기도 합니다. 특히 르네상스 시대에는 중세를 반성하며 고대 그리스와 로마의 문화를 부흥하여 새로운 문화를 창출하려는 운동이 일어났지요. '르네상스'라는 말 자체가 '학문과 예술의 재생'을 뜻하기도 하고요. 르네상스 시대에는 고대 그리스의 양식을 본뜬 하얀 건물과 조각들이 도시 국가 이곳저곳에 세워졌는데요, 대표적인 작품이 피렌체에 있는 미켈란젤로의 「다비드상」입니다. 르네상스 시대에 다시 해석된 고대 그리스의 미가 압축된 작품이지요.

 시간이 흘러 18세기에 또다시 고대 그리스를 열렬히 동경하는 예술 운동이 일어납니다. 바로 '신고전주의'입니다. 건축을 비롯해 조각, 회화, 음악 등 다양한 분야에 영향을 미친 신고전주의는 고대 그리스의 문화를 모범으로 삼았습니다. 분야마다 차이는 있지만 대체로 고대 그리스 예술을 바탕으로 완벽한 조화, 명확한 표현, 엄격한 균형 등을 추구했지요.

 신고전주의의 선구자 중 한 명으로 18세기 독일의 미술사학자인 빙켈만이 꼽힙니다. 그는 '근대의 그리스인'이라는 말을 들을 정도로 고대 그리스 문화에 심취했습니다. 빙켈만이 고대 그리스 미술

미켈란젤로의 대표작 중 하나인
「다비드상」. 이상적인 남성의 모습
을 하얀 대리석으로 조각해 냈다.

을 "고귀한 단순함과 고요한 위대함"이라고 평가한 것은 지금도 종종 인용될 정도이지요. 고대 그리스 문화에 반한 빙켈만은 순수한 하얀색이 가장 아름다운 색이며 사람의 몸도 하얄수록 아름답다고 했습니다. 빙켈만을 존경했던 괴테 역시 자신이 쓴 『색채론』에서 "교양 있는 사람은 색에 거부감을 느낀다."라며 하얀색을 높게 평가했고요.

하지만 이후 그들이 크게 착각하고 있었다는 사실이 밝혀집니다. 고대 그리스의 신전과 조각이 갖가지 색으로 채색되어 있었다는 것이지요. 신전에는 울긋불긋한 벽화가 있었고, 조각 역시 피부와 의상이 화려한 색으로 칠해져 있었지요. 세월이 흐르며 채색이 닳아 없어졌을 뿐입니다. 빙켈만이 진실을 알면 목덜미를 잡고 쓰러질지도 모르겠네요. 신고전주의에 큰 영향을 끼쳤지만, 이처럼 빙켈만

오늘날 남아 있는 로마 황제 칼리굴라의 조각(왼쪽)과 색을 재현한 복원 모형 (오른쪽). 독일의 고고학자 빈첸츠 브링크만이 이끄는 연구진은 고대 그리스와 로마의 조각들이 화려하게 채색되어 있었다는 연구 결과를 발표했다.

의 사상에는 한계점도 많습니다. 직접 그리스에 가 보지도 못했고, 그나마 접한 유물은 특정 시대에 쏠리거나 후대에 로마에서 만들어진 모조품이었지요. 어찌 보면 진짜 고대 그리스를 모른 채 자신들의 잣대로 해석하고는 이상향으로 삼은 셈입니다. 또한 피부가 하얄수록 아름답다는 말은 백인 우월주의가 드러난 발언으로서 비판받기도 하고요.

그렇지만 한계가 있다고 신고전주의를 전부 깎아내려서는 안 됩니다. 그들이 추구한 이상향에는 분명 우리가 곱씹어 볼 만한 의미가 있거든요. 신고전주의자들이 그린 하얀 세계는 현실을 초월한 공간입니다. 군더더기를 조금도 용납하지 않으며 모든 요소가 완벽하게 합리적으로 조화를 이루고 있지요. 이는 당시 인간의 이성을 중요시하던 철학과도 관련이 있습니다. 말만으로는 잘 와 닿지 않을 테니 신고전주의를 대표하는 그림을 보며 설명하지요.

프랑스 화가 자크 루이 다비드는 이탈리아에서 유학하던 중 빙켈만의 사상에 빠져들어 신고전주의 회화를 이끌었습니다. 그의 대표작 중 하나가 「레카미에 부인의 초상」으로, 모델은 은행가의 아내이자 파리 사교계의 유명인이었던 쥘리에트 레카미에입니다. 레카미에는 고대 그리스풍의 하얀 드레스를 입고 있는데, 이는 당시 유행했던 옷차림입니다. 여담이지만 레카미에는 하얀 드레스뿐 아니라 당대의 유행을 이끌었다고 하지요. 그림으로 돌아가서, 다비드는 이 그림에 자신이 추구했던 '이상적인 미', 즉 고대 그리스 문화에서 영감을 얻은 미를 집약했습니다. 우선 당대의 일반적인 초상

다비드가 그린 「레카미에 부인의 초상」. 신고전주의가 추구한 절제된 아름다움을 표현해 냈다.

화와 달리 가로가 긴 구도로 전신을 그린 점이 특이합니다. 다비드가 초상을 넘어 자신이 생각하는 이상적인 여성을 담으려 했다고 해석되기도 하지요. 구도는 소파, 발 받침, 고대 폼페이풍의 촛대만 이용해 빈틈없이 균형을 잡았고요. 레카미에의 포즈에서는 고대 그리스의 여신상이 떠오르네요. 너무 간결하여 자칫 메마르게 보일 수도 있는 작품에서 따뜻함이 느껴지는 것은 다비드의 섬세한 붓질 덕일 것입니다.

재미있게도 이 작품은 미완성작입니다. 다비드가 완성도에 고집을 부린 탓에 진도가 너무 느려서 레카미에가 불만을 품었다는 등 여러 이유가 있었다고 하지요. 머리 부분만 완성되었고 나머지는 하얀 바탕색이 보일 정도라고 하는데요, 그 덕에 그림에 신비로운 매력이 더해졌다고 평가하는 사람들도 있으니 아름다움에는 정답이 없는 모양입니다.

네 번째 원색, 하양

유화 물감 세트를 처음 구매해서 포장을 열어 보면 의아한 점이 눈에 띌 겁니다. 하얀색 물감의 튜브만 다른 색보다 유독 크거든요. 왜 그럴까요? 여러분이 직접 그림을 그려 보면 대번에 알 수 있을 텐데요, 어떤 색의 명도를 조절하려면 하얀색을 섞을 수밖에 없습니다. 혼합에 하얀색이 워낙 많이 쓰이니 물감을 만드는 회사에서도 처음부터 더 많이 제공하는 것입니다. 빛을 묘사하려 한 인상주의 화가들은 검정처럼 하양도 색이 아니라고 했지만 혼합에는 하양을 쓸 수밖에 없었지요. 물감은 섞을수록 색이 탁해지기 때문에 혼합으로는 하얀색을 만들지 못합니다. 그래서 하양 물감은 빨강, 노랑, 파랑에 이어 네 번째 원색이라고 불리기도 하지요.

유화를 그릴 때 하얀색이 많이 쓰이는 이유는 더 있습니다. 캔버스에 그림을 그리기에 앞서 하얀색으로 바탕을 칠하거든요. 반드시 칠해야 하는 건 아니지만 바탕을 칠하면 표면이 매끄러워져서 그리기 수월하고, 완성한 뒤 물감이 잘 떨어지지도 않습니다. 바탕을 칠하는 하양은 주로 석회나 석고 가루 등으로 만듭니다. 학교에서 쓰던 하얀 분필도 석고로 만든 것이지요. 요즘은 분필 가루가 호흡기에 문제를 일으킨다며 분필 사용이 줄어들었지만요.

석고 이외에도 오래전에는 '백연'이라는 물질로 하얀색 유화 물감을 만들었습니다. 백연은 화학 용어로 '염기성 탄산납'이라고 합니다. 또 납이 등장했네요? 여러 번 설명했듯이 납으로 만든 안료가 몸에 좋을 리 없겠지요. 실제로 많은 화가들이 백연으로 만든 물감 때문에 납 중독에 시달렸을 것이라고 추측됩니다. 납 중독 때문에 장과 방광이 아픈 것을 '화가가 겪는 출산의 고통'이라고 비유하기도 했지요. 백연으로 처음 하얀색을 만든 것은 기원전 4세기까지 거슬러 올라가야 합니다. 제조법은 여러 가지가 있지만, 납과 식초를 이용하는 방법이 일반적이었지요. 납과 식초의 증기를 반응시키면 납 표면에서 하얀 녹 같은 것, 즉 백연이 생겨납니다. 백연을 긁어서 가루가 될 때까지 빻은 뒤 기름 등과 섞으면 물감이 되었지요. 금속의 녹으로 안료를 만드는 방식은 산화철에서 빨간색을 얻거나 녹슨 구리에서 초록색을 얻은 것과 똑같습니다.

백연으로 만든 물감은 빠르게 건조되고 마른 뒤에 잘 갈라지지 않아서 화가들이 오랫동안 애용했습니다. 심지어 유화에서는 유일한 하양 물감이었지요. 단점이라면 치명적인 납 중독과 더불어 누렇고 검게 변색된다는 것이었습니다. 18세기 후반에야 프랑스에서 산화아연을 원료로 '징크화이트'가 발명됩니다. 징크화이트는 독성이 적지만 마른 뒤에 균열이 쉽게 생겨서 문제였지요. 하얀색을 둘러싼 고민은 20세기 초에 '티타늄화이트'가 발명되면서 한 번에 해결됩니다. 이름 그대로 티타늄을 재료로 만드는 티타늄화이트는 진하고, 잘 발리고, 변색도 되지 않습니다. 건조에 시간이 오래 걸린다는 점만 제외하면 그야말로 꿈의 하얀색이지요. 오늘날 유화에 쓰이는 하얀색 물감은 대부분 티타늄화이트입니다.

순수와 억압의 상징

앞서 이야기했듯이 사람들은 하양과 검정을 대립하는 색으로 여기곤 합니다. 가장 명도가 낮은 검정과 가장 명도가 높은 하양이니 그렇게 생각하는 것도 당연하지요. 그런데 두 색에 가치를 대입하면 문제가 생깁니다. 검정은 악, 절망, 더러움, 하양은 선, 희망, 순수함 등을 상징한다고 하면 색만으로 우월을 가리는 오류에 빠지기 십상이거든요. 간단하게 말해 하얀색이면 무엇이든 검은색보다 낫다고 생각해 버리는 것이지요. 이런 오류가 극명하게 드러난 사례는 백인을 우월하게 여기는 인종 차별입니다. 인종 차별주의자에게 하양은 진보했으며 순수한 색이지만, 검정은 원시적이며 야만스러운 색입니다. 19세기 후반 서구 제국주의 국가들이 아프리카와 아시아에 식민지를 세울 때도 백인 우월주의가 침략의 사상적 배경이 되었지요.

인종 차별은 뿌리 깊게 이어진 악습입니다. 예컨대 인도의 계급제인 카스트 제도에도 피부색에 따른 차별이 숨어 있지요. 기원전 1300년 전후에 성립된 카스트 제도는 크게 4단계로 사람들의 계급을 분류합니다. 승려들로 이루어진 최상층 '브라만'부터, 왕과 귀족인 '크샤트리아', 상인과 농민인 '바이샤', 소작농과 하인 등 육체노동을 전담하는 최하층 '수드라'로 나뉘었지요. 거기에 아예 계급에 들지 못하는 '불가촉천민'이 있습니다. 불가촉천민은 '접촉할 수 없는 천민'이라는 뜻으로, 닿기만 해도 부정해진다며 최하층인 수드라보다 못한 취급을 받았습니다. 쓰레기 수거, 시체 처리, 가축 도살 등 험한 일은 불가촉천민의 몫이었지요. 카스트 제도는 초창기만 해도 그다지 엄격하지 않았지만 시간이 흐르며 점점 규범이 늘어나서 인도 사회 전체를 지배하게 됩니다. 예를 들어 무조건 부모의 직업을 물려받아야 했고, 같은 계급끼리만 결혼할 수 있었으며, 이사도 마음대로 할 수 없었습니다.

여기까지 읽으면 카스트 제도가 직종별로 계급을 나눈 것처럼 이해될지도 모릅니다. '피부색과 무슨 상관이지?' 하고 말이지요. 사실 '카스트'는 인도에 방문한 유럽인들이 붙인 이름으로 포르투갈어에서 비롯된 것입니다. 본래 이름이 아니지요. 인도에서는 '바르나'라고 부르는데요, 이 단어는 '색깔'을 뜻하기도 합니다. 의미심장하지요? 이제 카스트 제도가 처음 생기던 시기에 어떤 일이 있었는지 살펴봅시다.

기원전 2500년 무렵, 인도 지역에서는 세계 최초의 문명 중 하나인 인더스 문명이 태동했습니다. 하라파와 모헨조다로라는 두 대도시를 중심으로 발전한 인더스 문명에는 문다족과 드라비다족을 비롯한 여러 종족이 섞여 있었지요. 오랫동안 번화하던 인더스 문명은 기원전 15세기경에 큰 변화를 맞이합니다. 중앙아시아에서 유목 생활을 하던 아리아인이 인도 북부로 침입해 왔거든요. 철제 무기로 무장한 아리아인의 침입은 인더스 문명이 멸망한 주요 원인 중 하나로 꼽힙니다.

우리가 주목해야 할 일은 아리아인이 인도를 지배하기 시작한 후에 벌어졌습니다. 아리아인은 이주해 왔다 보니 본래 인도에 살던 사람들보다 수가 적을 수밖에 없었습니다. 어떻게 소수로 다수를 지배할지 고민했겠지요. 그러다 떠올린 것이 계급 제도입니다. 카스트 제도가 생겨난 것이지요. 아리아인은 네 계급 중 상위 세 계급, 즉 브라만, 크샤트리아, 바이샤를 독차지했습니다. 본래 인도에 살던 사람들은 최하층인 수드라 또는 계급조차 없는 불가촉천민이 되었고요. 소수의 상위 계급이 다수의 하위 계급을 지배하는 구조는 오랫동안 유지되었습니다.

지배하는 자와 지배당하는 자를 구분하는 기준은 계급뿐만이 아니었습니다. 외모도 명백하게 달랐지요. 아리아인은 오늘날의 유럽인과 닮아서 키가 크고 피부가 하얗습니다. 인도에 이어 유럽으로 이동한 아리아인이 이후 그리스인, 로마인, 게르만인 등이 되었으니 당연하겠지요. 그에 비해 본래 인도에 살던 사람들은 키가 작으며 곱슬머리에 피부가 까무잡잡했고요. 그래서 어떤 학자들은 피부

마하트마 간디는 카스트 철폐 및 불가촉천민 인권 향상을 사람들에게 호소했다.

색이 카스트 제도의 중요한 기준이었다고 추정하기도 합니다. 카스트 제도에서 백인 우월주의는 각 계급을 상징하는 색과도 관련되며 더욱 단단해집니다. 하양이 최상위 브라만을 상징하는 반면 검정은 가장 낮은 수드라와 불가촉천민의 색이었지요. 지금도 인도 사람들은 검정을 그다지 선호하지 않는다고 합니다.

오늘날 인도에서 카스트 제도는 법적으로 폐지되었고 악습 또한 이전보다 많이 없어졌습니다. 하지만 아직도 관습으로서 끈질기게 일상에 영향을 미치고 있지요. 수드라나 불가촉천민 출신은 대학 교수나 정치인 같은 직종에 진출하기 어렵고, 후미진 농촌에서는 상위 계급이 하위 계급에 횡포를 부리기도 합니다. 피부색에 대한 편견도 없어지지 않아서 배우자로 피부가 검은 사람을 꺼리는 경우도 있고요.

　마하트마 간디는 불가촉천민을 '신의 자식'이라는 뜻으로 '하리
잔'이라고 부르며 차별 철폐에 앞장섰습니다. 간디를 비롯한 많은
사람들 덕에 하리잔의 생활이 나아졌지만 차별이 전부 사라지지는
못했지요. 현재 인도에는 1억 명이 넘는 하리잔이 있다고 합니다.
그들이 피부색을 비롯한 모든 차별에서 벗어나 진정으로 자유로운
신의 자식이 되길 응원합시다.

7

따뜻하면서도
차가운 색,

보라

여러 번 이야기했듯이 사람들은 오랫동안 자기가 좋아하는 색상의 옷을 마음껏 입을 수 없었습니다. 계급이나 직업에 따라 옷의 색이 정해지기도 했고, 값비싼 염료를 일부 상류층이 독차지하기도 했지요. 하지만 지금은 그렇지 않습니다. 누구에게나 특별히 좋아하는 색이 하나쯤 있고, 옷이든 생활용품이든 그 색을 별 어려움 없이 곁에 둘 수 있으니까요. 물론 장례식장에서 화려한 옷을 입으면 곤란하겠지만, 예절에서 지나치게 벗어나지만 않는다면 내가 어떤 색을 애용하든 누구도 나무랄 수 없습니다.

　때로는 좋아하는 색이 취향을 넘어 한 사람을 상징하기도 합니다. 제가 아는 사람 중 한 명은 100미터 떨어진 곳에서도 한눈에 알아볼 수 있는데요, 온몸을 보라색으로 치장하거든요. 보통은 좋아해도 액세서리나 구두 등만 보라색이기 마련인데, 그 사람은 화장

품, 목걸이, 양말까지 죄다 보라색을 쓰지요. 보기 부담스럽다고 핀
잔을 듣기도 하지만, 보라색이 곧 자기인 셈이라고 하더군요. 이제
는 저도 보라색을 보면 가장 먼저 그 사람이 떠오릅니다. 하지만 보
라색이 아닌 흔히 보는 색으로 치장했다면 어땠을까요? 인상이 그
토록 강렬하지는 않았을 겁니다. 그렇습니다. 색이 풍요로워졌지만
보라색은 여전히 가까이하기 쉽지 않습니다.

보라는 묘한 색입니다. 보랏빛은 우리가 눈으로 볼 수 있는 가시
광선 중 가장 파장이 짧습니다. 보랏빛보다 파장이 짧은 빛은 눈에
보이지 않지요. 즉 보라는 눈에 보이는 영역과 보이지 않는 영역의
경계인 셈입니다. 그리고 보라는 빨강과 파랑이 혼합된 색이기 때
문에 따뜻함과 차가움, 감성과 이성 같은 상반되는 의미를 함께 품
고 있습니다. 현실과 거리가 있어 보이고 반대되는 성질을 동시에
지니고 있기 때문인지, 예부터 보라색은 신비와 마법 등을 상징했
습니다. 보라를 가리켜 예술가의 색이라고도 하는데요, 독일 심리
학자 에바 헬러는 보라색이 복잡한 감정, 자유분방함, 개인주의, 독
창성 등을 떠오르게 한다고 했습니다. 앞서 소개한 제 지인은 시인
이자 사진가로, 그 사람 역시 자기만의 세계가 확고하고 남다른 면
이 많답니다.

여태 말한 것들만 봐도 대체 보라색이 어떤 색인지 호기심이 일
지 않나요? 지금부터는 가까이하기 어렵지만 묘한 매력이 있는 보
라색의 세계로 여러분을 안내하겠습니다.

다 똑같은 보라가 아니야

다른 색들도 그렇지만 보라색도 자세히 분류하면 그 안에 수많은 색이 있습니다. 빨강과 파랑을 섞는 비율에 따라 보라의 느낌이 달라지는데, 크게 2가지로 나눌 수 있지요. 빨간색이 더 많이 섞인 보라색은 '퍼플(purple)'이라고 하며 우리말로는 '자주색'입니다. 파란색이 더 많이 섞인 보라색은 '바이올렛(violet)'이라고 하며 우리말로는 '청자색'이지요. 영어에서 바이올렛은 제비꽃의 이름이기도 한데요, 이름 그대로 제비꽃의 색이 바이올렛입니다. 색의 이름은 바이올렛처럼 식물에서 따올 때가 많습니다. 예컨대 보라에 하양을 섞어서 만드는 연보라는 영어로 '라이트 퍼플' 또는 '라일락'입니다. 역시 라일락꽃에서 유래한 이름이지요. 그 외에도 조금 파란 기운이 도는 라벤더꽃과 같은 '라벤더', 난초의 꽃에서 유래한 '오키드' 등의 색도 있고요. 최초의 합성염료로 유명한 '모브'도 꽃에서 이름을 따왔습니다. 식물은 아니지만 짙은 자주색 계열인 '버건디'와 '보르도'는 포도주와 색이 비슷해서 포도주 산지인 프랑스의 '부르고뉴'와 '보르도'에서 이름이 유래했답니다.

보라색	자주색	청자색	라벤더	라일락	오키드	모브	버건디

다양한 보라색들. 색마다 풍기는 인상이 모두 다르다.

이렇게 세세한 분류까지 알아야 하는지 궁금하기도 할 겁니다. 사실 라일락, 라벤더, 오키드 등을 몰라도 크게 불편하지는 않지요. 하지만 색들은 미묘한 차이에 따라 보는 이에게 전혀 다른 느낌을 줍니다. 예를 들어 빨간 기운이 감도는 퍼플은 화려하고 따뜻한 데 비해 파란 기운을 머금은 바이올렛은 무게감 있고 차분하지요. 이런 특성을 알면 자신의 목적에 맞는 색을 자유자재로 고를 수 있습니다. 그러니 일상에서 색을 남다르게 쓰고 싶다면 좀 번거롭더라도 알아 두는 게 좋겠지요.

보라는 바다에서 캐내는 보석

음양오행을 중시하는 동양에서는 노랑이 최고의 색이었다고 했지요. 그래서 중국 황제만이 노란 옷을 입었고요. 그렇다면 서양에서는 어떤 색이 중국의 노랑과 같았을까요? 시대에 따라 색들의 지위가 변하긴 했지만 가장 오래전으로 거슬러 올라가면 보라가 자리하고 있습니다. 사람들이 처음 보라를 손에 넣은 이래, 오랫동안 보라는 최상위층의 권위와 권력을 상징했지요. 복잡한 이유가 숨어 있지는 않습니다. 만들기 까다롭고 귀해서 보라가 당시 가장 값비싼 색이었거든요. 그래서 부유한 상류층이 독점했지요. 보라가 오늘날의 다이아몬드처럼 사치품이었던 셈입니다. 대체 보라를 어떻게 만들었기에 그렇게 귀했을까요?

기원전 1600년경 오늘날의 시리아 지방에 살던 페니키아인은 지중해에 서식하는 '무렉스 브란다리스'와 '푸르푸라 하에마스토마' 등 여러 종의 고둥에서 보라색 염료를 만들어 냈습니다. 그래서 보라를 '고둥의 피'라고도 불렀지요. 빨강은 벌레더니 보라는 고둥이네요. 고둥이 분비하는 무색의 점액을 오랫동안 달이면 노란색을 띠는 염료를 얻을 수 있습니다. 노란색 염료로 직물을 염색한 뒤 햇빛에 말리는데, 처음에는 초록으로 그다음에는 빨강으로 변했다가 마지막에는 보라가 되었지요. 이렇게 얻은 보라색 직물은 이미 충분히 햇빛을 쬐었기 때문에 더 이상 색이 바래지 않습니다. 대부분의 색들이 변색되던 시대에 변치 않는 색이라니, 옛사람들에게 보라는 특별해 보였을 겁니다. 게다가 보라색 염료는 많이 만들 수도

보라색 염료의 원료인 무렉스 브란다리스.
다른 천연염료가 그랬듯 보라색도 대량 생산을 하기는 힘들었다.

없었습니다. 고둥 한 마리에서 얻는 점액이라고 해 봤자 몇 방울 안 되거든요. 손수건 한 장 염색하는 데 염료가 1그램 정도 드는데, 20세기에 고대의 방법을 재현해 보니 보라색 염료를 1그램 만들려면 고둥이 약 1만 마리나 필요했다고 하지요. 이러니 보라는 어마어마하게 비쌀 수밖에 없었습니다.

페니키아인은 지중해 전역을 누비며 여러 식민지를 건설하고 무역을 했는데요, 당연히 보라색 직물도 무역 품목에 포함되었습니다. 페니키아의 도시 티레(Tyre)는 무역의 중심지이자 보라색 염료 산지였지요. 그래서 고둥으로 만든 보라색을 '티리언 퍼플(Tyrian Purple)'이라고 부르기도 합니다. 사실 영어로 보라를 뜻하는 '퍼플(purple)'도 고둥과 관련이 있습니다. 퍼플의 어원인 라틴어 '푸르푸라(purpura)'는 보라와 더불어 고둥을 뜻하기도 하거든요. 더 나아가 아예 푸르푸라가 보라색 옷을 독점한 왕족이나 고관을 가리키기도 하지요. 이것은 퍼플도 마찬가지라 '더 퍼플(the purple)'이라고 쓰면 황제를 뜻합니다. 저는 고둥과 보라색과 황제를 가리키는 단어가 똑같다는 사실을 알고 나니 여태 음식 재료라고 생각했던 고둥을 다시 보게 되더군요.

황제의 색이자 예수의 색

티리언 퍼플의 또 다른 이름은 '임페리얼 퍼플(imperial purple)', 즉

'황제의 자주색'입니다. 그 정도로 황제와 각별하게 관련된 색이었지요. 이 명칭의 유래는 로마 제국에서 찾을 수 있습니다. 로마 제국에 아직 황제가 없던 공화정 시절에는 성직자와 고위 관리 등이 보라색 줄무늬가 들어간 옷을 입었습니다. 전쟁을 승리로 이끈 장군만은 특별히 전체가 보라색에 금색 자수를 놓은 화려한 옷을 입었고요. 보라색에 좀 더 강한 특권을 부여한 것은 공화정 말기의 군인이자 정치가인 카이사르입니다. 카이사르는 보라를 자신을 상징하는 색으로 삼고, 아무나 보라색 옷을 입을 수 없게 했습니다. 자신이 권력을 거머쥐겠다는 뜻이었지요. 카이사르는 꿈을 이루지 못한 채 브루투스를 비롯한 공화정 옹호파에 암살당하고 말았지만, 황제가 보라색을 독점하는 미래를 예고했는지도 모르겠습니다.

아우구스투스를 시작으로 황제가 로마 제국을 다스리게 되면서, 비로소 보라색은 '황제의 색'으로 자리 잡습니다. 로마 황제는 보라색으로 염색한 양피지에 보라색 잉크로 서명했다고 합니다. 당연히 보라색 옷은 황제와 그 일가만 입을 수 있었고요. 5대 황제인 네로는 아예 자신 외에 보라색 옷을 입는 자는 사형에 처했다고 할 정도이지요. 시간이 지나며 보라를 황제가 독점하지는 않게 되었지만 결코 대중적인 색이라고는 할 수 없었습니다.

보라색은 기독교에서도 특별한 의미를 지닌 색입니다. 로마를 중심으로 만들어진 초창기 기독교 예술 작품을 보면 예수가 보라색 옷을 입고 있는 경우가 많습니다. 이에 대해 로마에서 기독교의 위상이 높아지며 예수가 현실의 황제처럼 보라색 옷을 입게 되었다

멕시코 빈민가에서 미사를 집전하고 있는 프란치스코 교황. 선명한 보라색 옷이 눈에 띈다.

고 추측하기도 하지요. 보라색은 성경에도 여러 번 등장합니다. 예컨대 예수가 십자가에 못 박히기 전, 로마 병사들은 예수에게 자주색 옷을 입히고는 유대인의 왕이라며 실컷 조롱했다고 합니다. 그뿐 아니라 성경에 보라색 옷을 입은 도덕적이고 고결한 사람들이 등장하기도 하고요. 이 덕에 보라색은 기독교에서 고난, 인내, 희생, 강한 신앙심 등을 상징하게 되었지요. 오늘날에도 교황 등 고위 성직자들이 보라색 옷을 입는 등 기독교에서 보라색은 특별한 의미를 지니고 있습니다.

　백문이 불여일견이니 초창기 기독교 예술에서 보라색이 어떻게 쓰였는지 찾아가 볼까요? 목적지는 이탈리아 북부에 있는 해안 도시 라벤나입니다.

라벤나는 로마 제국과 인연이 깊은 도시입니다. 로마 제국이 동과 서로 나뉜 이후에는 서로마 제국의 수도가 되기도 했지요. 잠시 다른 민족의 지배를 받기도 했지만 나중에는 비잔틴 제국, 즉 동로마 제국에 포함되어 무역의 중심지가 되었고요. 라벤나에는 비잔틴 미술을 대표하는 5, 6세기 유산이 많이 남아 있습니다. 동로마 제국과 그 주변에서 형성된 비잔틴 미술은 기독교적인 성격이 강한데요, 돔 지붕을 한 교회와 교회 내부를 장식한 모자이크 회화가 대표적인 예입니다. 라벤나에 있는 '산비탈레 성당'에는 보존 상태가 가장 양호한 모자이크 회화가 있지요.

산비탈레 성당 내부는 형형색색 돌과 유리 조각들을 붙여 만든 모자이크로 가득합니다. 간소한 외부와 비교해 너무나 화려해서 입을 떡 벌리게 하지요. 성경의 여러 장면을 모자이크로 묘사했지만, 우리가 주목할 것은 둥근 천장에 있는 예수, 그리고 그 아래 좌우로 자리한 동로마 제국 황제와 황후 일행입니다.

이 세 모자이크는 천사와 성인을 거느린 예수에게 동로마 제국 황제 유스티니아누스 1세와 황후 테오도라가 예물을 바치는 구도로 만들어졌습니다. 여러 수행원과 함께하는 황제와 황후의 손에 각각 빵 바구니와 포도주 잔이 들려 있지요. 이 모자이크에 등장하는 인물들의 복장을 유심히 관찰해 봅시다. 그중에서도 복장의 색을 눈여겨볼까요? 어떤 점이 눈에 띄나요? 예수의 옷은 전체가 자주색에 금색 수도 놓여 있지요. 황제와 황후 역시 금색 수가 놓인 보라색 겉옷을 입고 있고요. 천사든 성인이든 신하든, 다른 등장인물

산비탈레 성당의 천장에 그려진 모자이크.
파란 구에 앉은 예수의 양쪽으로 천사와 가톨릭교 성인들이 있다.

들의 옷에는 보라색이 조금만 들어가거나 아예 없습니다. 이 모자이크만 봐도 알 수 있듯, 당시 보라는 예수나 황제 같은 사람들만 사용하는 색이었습니다.

특이한 점은 황제와 황후의 머리 뒤에 예수나 천사처럼 후광이 있다는 것입니다. 그만큼 성스러운 존재라는 뜻이지요. 하늘을 의미하는 파란 구체에 예수를 앉힌 것은 황제가 지상을 다스린다는 메시지를 은근히 표현한 것이라고 합니다. 산비탈레 성당의 모자이크는 분명 아름답지만, 그 뒤에는 종교를 이용해 지배력을 강화하려 했던 황제의 의도가 숨어 있습니다. 예수와 같은 보라색 옷을 입은 것도 황제의 권위를 더욱 높여 주었겠지요.

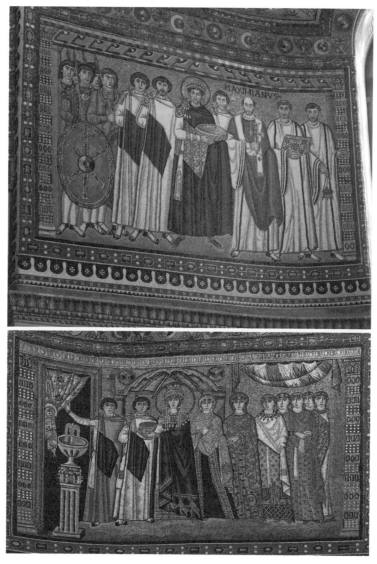

수행원을 이끌고 예수에게 공물을 바치는 동로마 제국 황제 유스티니아누스 1세(위)와
황후 테오도라(아래). 황제는 빵, 황후는 포도주를 들고 있다.

이처럼 특별한 색이었기 때문에 동로마 제국은 티리언 퍼플로 염색한 직물을 독차지했습니다. 염료를 만드는 법이 타국으로 흘러가지 않게끔 철저히 관리했고요. 티리언 퍼플 제조법은 동로마 제국과 운명을 같이했습니다. 1453년 오스만 튀르크에 의해 동로마 제국이 멸망하면서 꽁꽁 비밀로 간직했던 티리언 퍼플 제조법도 잊혔거든요. 그 후에 황제와 교황 등은 무슨 색 옷을 입었을까요? 답은 앞서 한 번 말했습니다. 케르메스 일리키스로 만드는 빨강이 권위와 권력을 상징하게 되었지요.

중국과 우리나라의 보랏빛 자색

중국과 우리나라에서도 보라가 높은 대우를 받은 것은 크게 다르지 않았습니다. 물론 노랑보다는 못했지만, 보라는 신비한 힘이 있는 상서로운 색으로 여겨졌지요. 보라를 한자로는 '자색(紫色)'이라고 하는데, 앞서 이야기한 대로 자색은 오방잡색 중 하나로 검정과 빨강 사이에 위치합니다. 음양오행 사상에서 말하는 중요한 색 중 하나였지요. 그만큼 자색이 남다르게 쓰였을 것 같습니다. 국어사전에서 '자의(紫衣)'를 검색해 보세요. '보랏빛 옷'과 더불어 어떤 뜻이 나오나요? '임금의 옷'이라는 뜻이 눈에 띌 겁니다. 사전에 등재될 정도로 자색 옷은 우리나라에서 대대로 임금 또는 고위 관리들만이 입을 수 있었습니다. 중국의 역사책인 『구당서』와 『신당서』에도 "백제의 왕은 자색 도포를 입었다."라는 내용이 있지요.

삼국 시대에는 벼슬아치들이 입는 옷의 색을 법으로 정하고 평민은 입지 못하도록 했습니다. 예를 들어 백제에서 가장 고위 관리는 자색, 중간 관리는 짙은 분홍색인 비색, 하급 관리는 청색 옷을 입었지요. 고구려와 신라에서도 관리들이 입는 옷의 색을 법으로 정했는데요, 세 나라 사이에 조금씩 차이가 있지만 자색을 가장 고위 관리가 입었다는 점은 똑같습니다. 자색이 고귀한 색이라는 것은 세 나라가 모두 동의했던 셈이지요.

고려와 조선에서도 자색은 아무나 입을 수 없었습니다. 고려의 4대 왕 광종은 '사색공복'이라는 제도를 만들어 관리들이 조정에 나올 때 입는 옷의 색을 정했습니다. 사색공복 제도에서도 가장 높은 관리의 색은 자색이었지요. 그다음은 홍색, 비색, 녹색 순서였고요. 관리만 자색을 입은 것은 아닙니다. 고려에 왔던 송나라 사신 서긍은 "고려의 국왕은 중국 사신을 영접할 때 자색 공복을 입었다." 하는 기록을 남겼거든요. 조선 시대 왕이 입은 곤룡포의 색도 엄밀히 말하면 자색과 빨간색의 사이에 위치합니다. 조선에서 정3품 이상의 당상관은 자색 관복을 입었는데, 빨간색 바탕에 검은색 망사를 겹쳐서 기품 있는 자색을 연출하기도 했지요.

자색은 삼국 시대부터 조선까지 1,000년 넘게 상류층의 색이었습니다. 아무래도 오방잡색 중 하나라는 이유만으로는 납득하기 어렵네요. 자색이 각별했던 또 다른 이유가 있지 않을까요?

중국과 우리나라의 천문학에서는 하늘의 중심이 '자미원(紫微垣)'

조선 시대 문관이 입던 관복. 겉감은 보라색으로 염색한 비단이다.

이라는 별자리라고 여겼습니다. 우리에게 익숙한 북두칠성을 비롯해 큰곰자리, 작은곰자리, 용자리가 자미원에 포함되며 중심에는 북극성이 있지요. 북극성은 1년 내내 북쪽 하늘에 자리하고 있습니다. 땅에서 보자면 하늘의 모든 별이 북극성을 중심으로 돌고 있는 것 같지요. 옛사람들은 북극성에 하늘을 다스리는 천제(天帝)의 궁전, 자미궁이 있다고 생각했습니다. 중국 베이징에 있는 궁성인 자금성의 이름은 자미궁에서 유래한 것입니다. 중국의 황제는 대대로 자신이 천제의 아들인 '천자(天子)'라고 자처했거든요. 그래서 자신이 사는 궁의 이름도 천제의 궁전에 따왔지요. 그런데 왜 하늘의 중심에 자미원이라는 이름을 붙였을까요? 학자들은 오래전 사람들이 맨눈으로 관측한 자미원이 보라, 즉 자색을 띠었을 것이라고 추측합니다. 눈에 보이는 대로 이름을 붙인 셈이지요. 하늘의 중심이 자색이었으니, 그렇게 오랫동안 자색이 고귀한 색으로 대접받은 것도 이해가 됩니다.

그렇다면 자색 옷의 염료는 어떻게 구했을까요? 지초 또는 자초라고 부르는 식물의 뿌리는 대표적인 자색의 원료였습니다. 단점이라면 구하기 힘든 탓에 비싸고, 연보라와 비슷한 은은한 색밖에 내지 못했다는 것이지요. 다목으로 만든 빨간색 염료도 염색 과정에 철을 매염제로 쓰면 직물이 자줏빛으로 물들었지만, 보라보다는 빨강에 가까웠고요. 선명한 자색은 파랑 또는 검정 염료와 빨강 염료를 모두 써서 얻었습니다. 파랑이나 검정으로 먼저 염색한 뒤 빨강 염료로 한 번 더 염색하면 자색이 되었거든요. 빨강의 원료에 따라 결과물인 보라색도 조금씩 달라졌는데요, 잇꽃이라면 밝은 보라, 다목이라면 빨간 자주로 염색되었지요.

최초의 합성염료, 모브

동양과 서양에서 보라색 염료는 극히 일부 사람들만 쓸 수 있었지만, 가장 먼저 대중에게 널리 퍼지기도 했습니다. 앞서 잠깐 얘기했지요? 1856년 영국 런던에서 최초의 합성염료인 '모브'가 발명되었다고요. 모브를 발명한 윌리엄 퍼킨은 왕립화학대학 학생으로 당시 18세에 불과했습니다. 학생이 그런 발명을 해 내다니, 대단하다고 생각할지도 모르겠네요. 하지만 퍼킨이 처음부터 염료 발명을

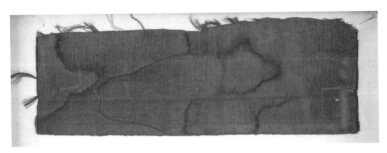
1860년에 퍼킨의 모브로 염색한 비단. 천연염료와 비교해 손색이 없었다.

목표했던 것은 아닙니다. 말라리아 치료약을 만들려고 했지요.

말라리아는 병원충을 가진 모기에게 물려서 감염되는데 발열, 두통, 구토 등을 일으키고 합병증이 생기면 숨을 거둘 수도 있습니다. 기원전 5세기의 기록에 말라리아와 관련한 내용이 있을 정도로 오래된 병으로 아직도 완전히 근절되지는 않았지요. 퍼킨이 살던 시기에는 말라리아 치료약인 '키니네'가 있긴 했습니다. 문제는 유럽에서 키니네를 구하기가 쉽지 않았다는 것입니다. 키니네는 기나나무의 껍질로 만드는데, 이 나무가 유럽에서는 자라지 않거든요. 대서양 너머 남아메리카에서 들여와야 했지요. 약을 충분히 구할 수 없다 보니 말라리아로 사망하는 사람은 좀처럼 줄어들지 않았습니다. 화학자들은 인공적으로 키니네를 합성할 수 없을지 고심했는데, 그때 눈에 띈 것이 '아닐린'이라는 물질입니다.

아닐린의 원료는 석탄을 가공하는 과정에서 만들어지는 콜타르입니다. 19세기 영국에서는 산업 혁명이 일어나 막대한 석탄이 소비되었습니다. 자연스럽게 콜타르 같은 부산물도 쌓여만 갔지요. 화학자들은 콜타르를 그냥 버리기는 아까우니 어떻게 활용할 방법이 없을지 갖가지 실험을 해 봤습니다. 아닐린도 그런 실험 끝에 합성되었는데요, 더 나아가 화학자들은 아닐린의 분자 구조가 키니네와 닮았다는 사실도 알아냈습니다. 다른 물질과 잘 합성하면 키니네가 될 것 같았기 때문에 당시 많은 화학자가 아닐린으로 키니네를 만드는 데 도전했지요. 18세 퍼킨도 그중 한 명이었고요.

퍼킨은 의욕적으로 도전했지만 결과물은 키니네가 아닌 새까만 고체였습니다. 여기서 퍼킨이 낙담해 버렸다면 사람들은 보라색 옷을 훨씬 늦게 입었을지도 모릅니다. 퍼킨이 고체의 성질을 조사하다 보라색 용액을 발견한 덕에, 그리고 보라색 용액으로 직물을 염색해 본 덕에 새까만 고체는 실패작이 아닌 훌륭한 염료가 될 수 있었지요. 합성염료의 가능성을 알아차린 퍼킨은 스스로 염료 회사를 차리고 공장에서 모브를 대량 생산하려 했습니다.

하지만 난관이 남아 있었습니다. 모브로 비단 같은 직물을 염색하기는 쉬웠지만, 목화솜으로 만드는 면은 좀처럼 염색이 되지 않았거든요. 값비싼 비단을 살 수 있는 사람만 모브로 염색한 옷을 입는다면, 기껏 대량 생산이 가능해도 의미가 없겠지요. 이러한 문제는 퍼킨이 모브가 면에 잘 염색되도록 도와주는 매염제를 개발하면서 해결됩니다. 비로소 누구든 보라색 옷을 입을 수 있게 되었지요. 영국의 빅토리아 여왕 등이 모브로 염색한 옷을 입으면서, 모브는 전 유럽에서 선풍적인 인기를 끌기 시작했습니다. 모브로 크게 성

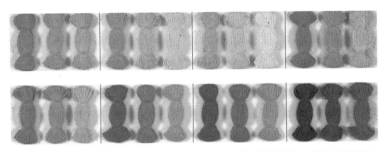

1900년에 독일 바스프 사가 만든 염료 샘플. 퍼킨이 모브를 발명한 이래 합성염료 산업이 급성장했다.

공한 퍼킨은 사업에서 손을 뗀 이후에는 화학 연구에 매진했고, 말년에 영국 여왕으로부터 기사 작위까지 받았지요.

오늘날 모브는 색이 쉽게 바래서 거의 쓰이지 않지만, 우리가 사용하는 모든 합성염료는 모브에서 비롯된 것입니다. 합성염료의 가능성을 깨달은 영국, 독일, 프랑스 등의 화학자들이 불과 50여 년 만에 2,000가지가 넘는 합성염료를 개발해 냈거든요. 오늘날 누구나 다양한 색깔의 옷을 입을 수 있게 된 것은 합성염료의 개발 덕분입니다. 지금 우리가 옷을 사면서 색을 고민하는 모습을 보면 과연 퍼킨이 어떤 표정을 지을지 궁금하네요.

8

빨강의 친척들,
주황과 분홍

어느 날 텔레비전을 보는데 꽃게 요리가 소개되더군요. 알맞게
쩌서 껍질이 주황색으로 변한 꽃게를 화면으로 보기만 해도 군침이
돌았습니다. 주황은 음식과 관련이 깊은 색입니다. 라면, 프라이드
치킨, 랍스터구이, 꽃게찜, 새우구이, 훈제 연어, 카레 등이 주황색
을 띠고 있지요. 실제로 주황색 음식은 식욕을 자극한다고 합니다.
마트에 가 보면 주황색으로 포장된 과자가 많고, 프랜차이즈 음식
점들도 광고에 주황색을 쓰곤 하지요.

주황은 식욕뿐 아니라 활력, 즐거움, 명랑 등 긍정적인 감정을 불
러일으켜서 곁에 두면 기분이 나아진다고 하는데요, 어째서 주황은
사람에게 이런 영향을 미칠까요? 주황(朱黃)을 만들기 위해 필요한
색, 즉 빨강(朱)과 노랑(黃)을 떠올려 보면 힌트를 얻을 수 있습니다.
빨강은 사랑, 용기, 정열 등을 상징하고 노랑은 햇빛, 미래, 희망 등

을 상징하지요. 두 가지 색 사이에 위치하는 주황 역시 따뜻한 색으로서 보는 이에게 안정감을 줍니다.

빨강에서 비롯된 부드럽고 따뜻한 색이라 하면 한 가지 더 떠오르지 않나요? 맞습니다. 분홍이 있지요. 유원지에서 다디단 분홍색 솜사탕을 먹은 적이 한 번쯤 있을 겁니다. 분홍은 주황과 마찬가지로 보는 이의 마음을 편안하게 해 줍니다. 선명한 빨강은 너무나 강렬해서 보고 있으면 마음이 고양되지만, 분홍은 낭만적이고 부드러운 색이라 마음을 가라앉혀 주지요. 흔히 빨강이 많이 섞인 보라색, 즉 자주색을 분홍색으로 착각하기도 하는데요, 분홍과 자주는 엄연히 다른 색입니다. 분홍은 빨강에 하양을 섞어서 만들거든요. 유채색과 무채색을 섞어서 만드는 색이기 때문에 분홍은 밝은 빨강이라고도 할 수 있습니다.

주황과 분홍은 모두 빨강과 가깝다는 공통점이 있습니다. 그럼에도 두 색이 '노란 빨강' 또는 '밝은 빨강'이 아닌 자기들만의 이름을 지니게 된 것은 그만큼 사람들과 밀접한 관계를 맺어 왔기 때문이지요. 2005년 우리나라의 지식경제부에서 개정한 '색이름 표준 규격'을 봐도 주황과 분홍은 빨강, 파랑, 초록, 노랑, 보라 등과 더불어 12가지 기본 유채색으로 정해져 있고요. 지금부터는 빨강의 친척이지만 자기만의 존재감을 확실히 뽐내고 있는 주황과 분홍에 대해 탐구해 보겠습니다.

네덜란드에는 오렌지가 없다

주황색은 영어로 '오렌지(orange)'입니다. 앞서 언급한 라벤더나 라일락처럼 과일을 가리키는 단어를 색의 이름으로도 쓰는 것이지요. 저는 오렌지색이라고 하면 가장 먼저 생각나는 것이 있습니다. 축구에 관심이 있다면 저와 같은 것을 떠올릴지도 모르겠네요. 바로 네덜란드입니다. 네덜란드 국가 대표 축구팀의 별명이 '오렌지 군단'이거든요. 손꼽히는 축구 강국인 데다 유니폼도 파란색이나 빨간색처럼 흔하지 않은 오렌지색이라 눈에 확 띄지요.

우리나라 사람들이 월드컵마다 '붉은 악마'가 되어서 응원하듯이, 네덜란드 사람들도 오렌지색 옷을 입고 자국을 응원합니다. 네덜란드 최대의 축제인 킹스 데이(King's day) 기간에도 온 나라가 오렌지색으로 물들지요. 이 축제는 네덜란드 국왕의 생일을 축하하기 위해 열리는데, 네덜란드 왕가를 상징하는 색이 오렌지색이거든요. 참고로 네덜란드 국왕이 여성일 때는 축제의 이름도 퀸즈 데이(Queen's day)였답니다.

재미있는 점은 네덜란드와 과일 오렌지가 별 상관이 없다는 사실입니다. 심지어 네덜란드에서는 오렌지가 자라지도 않지요. 그렇다면 왜 네덜란드에서는 왕가는 물론 국민들도 그리 오렌지색을 좋아하는 걸까요? 그 답을 알려면 네덜란드가 막 역사에 등장하던 16세기 말로 돌아가 봐야 합니다.

16세기 말, 오늘날의 네덜란드와 인근 지역은 합스부르크 가문의

킹스 데이를 맞아 오렌지색 보트에 타고 시민들에게 인사하는 네덜란드 왕가.

지배를 받고 있었습니다. 유럽 역사상 가장 큰 왕조 중 하나였던 합스부르크 가문은 오늘날의 스페인을 비롯해 독일, 오스트리아, 이탈리아, 벨기에, 네덜란드 지방 등을 다스렸지요. 한 명의 왕이 꼭대기에 자리했던 것은 아니었고, 합스부르크 가문 출신의 여러 군주들이 각자의 지역을 통치했습니다. 워낙 복잡하게 혼인 관계가 얽혀 있고 한 군주가 동시에 여러 나라를 지배하기도 해서, 자세한 상황을 전부 파악하기란 쉽지 않습니다. 지금은 딱 한 명, 앞서 검은 옷을 애용했다고 잠깐 언급했던 에스파냐의 왕 펠리페 2세에게만 집중합시다.

당대 최강국의 왕이었던 펠리페 2세는 넓은 영토와 무적함대로 상징되는 막강한 군사력까지 손에 넣었지만 두 가지 골칫거리를 안고 있었습니다. 첫 번째 문제는 돈입니다. 아메리카 대륙의 식민지에서 막대한 금이 건너왔지만 전쟁 등으로 그 이상 소비했기에 에스파냐의 재정 상태는 엉망이었습니다. 정부에서 여러 번이나 파산 선고를 할 정도였지요. 두 번째 문제는 종교입니다. 펠리페 2세는 누구보다 독실한 가톨릭교도였습니다. 종교 개혁 이후 유럽에서 세력을 넓혀 가던 개신교는 펠리페 2세에게 눈엣가시였지요.

공교롭게도 네덜란드 지역은 돈과 종교 문제로 펠리페 2세와 갈등을 빚습니다. 네덜란드는 상업이 발달하여 부유했기 때문에 펠리페 2세는 네덜란드에서 세금을 더 거두려고 했는데요, 당연히 네덜란드 사람들에게는 불합리했을 겁니다. 종교는 더 첨예한 갈등을 일으켰습니다. 당시 네덜란드에는 유럽에서도 손꼽힐 정도로 개신교도가 많았거든요. 자신의 힘이 미치는 곳에 개신교가 만연하다니, 펠리페 2세로서는 참을 수 없었겠지요. 참을 수 없기는 네덜란드 사람들도 똑같았습니다. 세금뿐 아니라 종교까지 간섭해 댔으니까요. 갈등 끝에 네덜란드는 독립을 외치며 에스파냐와 전쟁을 벌이게 됩니다.

네덜란드 독립 전쟁을 이끈 지도자는 빌럼 1세입니다. 본래 그는 전쟁을 피하고 어떻게든 개신교를 허락받으

네덜란드 독립의 기틀을 다진 빌럼 1세.

려 했지만, 에스파냐의 철저한 개신교 탄압 때문에 독립 전쟁 쪽으로 돌아섰습니다. 초반에는 에스파냐에 고전했지만 빌럼 1세의 끊임없는 외교적 노력 끝에 프랑스와 영국이 도와주고, 에스파냐에 불만을 품은 민중이 들고일어나면서 상황이 역전되었지요.

독립이 조금씩 가까워지던 와중에 또다시 종교가 발목을 잡습니다. 네덜란드 내부가 개신교를 믿는 북부와 가톨릭교를 믿는 남부로 분열된 것입니다. 빌럼 1세는 북부와 남부를 통합하려 했지만 실패했고, 결국 철저한 독립을 주장하는 북부를 지지했습니다. 그러자 펠리페 2세는 빌럼 1세에게 현상금을 걸었고, 빌럼 1세는 독립을 보지 못한 채 1584년 한 가톨릭교 광신자의 손에 암살됩니다. 네덜란드가 에스파냐로부터 완전히 독립한 것은 빌럼 1세가 죽고 한참 뒤인 1648년입니다. 네덜란드의 독립 전쟁은 '80년 전쟁'이라고도 불리지요.

네덜란드 독립의 기틀을 다진 영웅으로 평가받는 빌럼 1세의 정식 이름은 '오라녀 공작 빌럼'(Prins van Oranje Willem)입니다. 독일의 나사우(Nassau) 가문 출신인 빌럼 1세가 오라녀 가문의 공작이 된 사정은 좀 복잡한데요, 간단히 말해 빌럼 1세의 친척이던 프랑스의 오랑주(orange) 가문이 대가 끊기자 영지와 권한을 빌럼 1세에게 상속한 것입니다. 드디어 오렌지와 관련된 말이 나왔네요. 오랑주의 철자가 오렌지와 똑같지요? 오라녀(Oranje)는 오랑주를 네덜란드어로 쓴 것입니다. 빌럼 1세의 후예인 오라녀 가문은 대대로 오렌지색을 상징으로 사용했습니다. 오렌지색보다 가문과 어울리는 색은 떠올리기 어려웠겠지요.

빌럼 1세가 죽은 뒤에도 오라
녀 가문은 네덜란드가 독립하는
과정에서 중요한 역할을 했습니
다. 지금의 네덜란드 왕가도 오
라녀나사우 가문으로 빌럼 1세
의 후손이지요. 네덜란드 왕가는
독립 영웅으로서 국민들에게 높

네덜란드 왕가를 상징하는 깃발.

은 지지를 받았기 때문에 오렌지색은 왕가를 넘어 나라를 상징하게
되었고요. 네덜란드 사람들의 오렌지색 사랑에는 독립을 위해 투쟁
했던 역사가 담겨 있는 셈입니다.

재미있게도 프랑스의 오랑주 가문 역시 과일 오렌지와는 관련이
없습니다. 프랑스의 오랑주라는 지명에서 유래한 이름이거든요. 과
일 오렌지가 처음 프랑스로 건너갔을 때는 서로 철자도 달랐지요.
하지만 시간이 지나면서 발음이 유사한 두 단어가 결합하여 지금
프랑스어에서는 오랑주가 귀족 가문, 지역, 과일, 색을 동시에 가리
키게 되었습니다.

종교와 주황은 뗄 수 없는 관계

주황은 종교와도 관련이 깊은 색입니다. 예를 들어 아일랜드의

국기에는 초록과 주황 사이에 하양이 들어가 있는데요, 초록은 가톨릭교, 주황은 개신교, 하양은 화합과 평화를 가리킵니다. 역사적으로 아일랜드에서는 가톨릭교도와 개신교도의 갈등이 극심했습니다. 그래서 두 종교가 화합하길 바라며, 각 종교를 상징하는 색 사이에 하양을 넣은 국기를 만들었지요.

그러나 주황과 가장 관련이 깊은 종교를 꼽으라면 저는 불교라고 답하겠습니다. "우리나라 절에 가 봤지만 주황이 보이지는 않던데요?" 하고 묻는 사람이 있을지도 모르겠네요. 그렇긴 합니다. 승려들은 짙은 회색 승복을 입고, 절의 건물에서도 주황색이 두드러지지는 않으니까요. 하지만 전 세계 불교 단체들이 공통으로 사용하는 깃발, '불교기'를 보면 생각이 달라질 겁니다. 1950년 세계불교대회에서 정식 깃발로 정해진 불교기에는 파랑, 노랑, 빨강, 하양, 그리고 주황이 쓰였습니다. 각각의 색은 의미가 다른데요, 그중에서도 주황은 갖가지 유혹이나 수치를 참고 견디는 인내를 상징합니다. 불교기는 우리나라에서도 종파를 가리지 않고 행사가 열릴 때면 게양하니 석가 탄신일에 절에 가면 한번 찾아봅시다.

전 세계 불교 단체가 공유하는 불교기.

불교기에 들어간 색들은 모두 부처에게서 따온 것들입니다. 파랑은 머리카락, 노랑은 피부, 빨강은 혈액, 하양은 마음에서 유래했지요. 그렇다면 주황은 무엇에서 따왔을까요? 부처

선명한 주황으로 물들인 가사를 입은 캄보디아의 승려들.

가 입던 가사*입니다. 부처는 주황색 가사를 입었다고 하지만, 지금은 나라마다 종파마다 승려들이 입는 가사의 색이 다릅니다. 우리나라는 회색 장삼 위에 주로 갈색, 빨간색, 노란색 가사를 걸치지만, 중국은 황토색과 짙은 갈색 가사가 많지요. 인도와 가까운 나라에서는 승려들이 주황색 가사를 입습니다. 태국, 라오스, 캄보디아 등 동남아시아 국가로 여행을 가 보면 불교와 주황의 깊은 관계가 단번에 이해됩니다. 주황색 가사를 입은 승려의 행렬이 눈을 사로잡거든요. 가사의 색이 다른 이유는 명확하지 않지만 염료도 영향을 끼쳤으리라 추측됩니다. 동남아시아 승려들이 주황 옷을 입는 것은 구하기 쉬운 황토 또는 몇몇 식물성 염료로 직물을 염색했기 때문이라는 것이지요. 그에 비해 우리나라는 먹물이나 잿물로 염색했기 때문에 회색 승복이 많고요.

불교가 생겨난 땅인 인도에서도 주황은 각별한 의미를 지니고 있습니다. 다만 주황색과 인도 사람들을 연결하는 종교는 불교가 아닌 힌두교입니다. 불교는 인도에서 만들어졌지만, 오늘날 인도 사람 중 불교도는 1퍼센트도 안 됩니다. 약 80퍼센트가 힌두교도이지요. 힌두교에서 주황색은 희생, 금욕, 구원 등을 상징하며 가장 성스러운 색으로 손꼽힙니다. 그래서 힌두교 사제와 인도의 왕족, 귀족은 주황색으로 물들인 옷을 입었지요. 그들이 쓴 주황색 염료는 붓꽃의 일종인 사프란에서 얻은 것입니다. 사프란은 염료는 물론 향

---

* 승려가 왼쪽 어깨에서 오른쪽 겨드랑이 밑으로 걸쳐 입는 옷. 중국과 우리나라 등에서는 외투처럼 입지만 동남아시아에서는 가사만 입기도 한다.

사프란 염료는 꽃에서 떼어 낸 빨간 암술대를 건조하여 만든다.

신료나 약으로도 쓰이는데요, 다만 식물에서 얻는 염료들이 대개 그렇듯 사프란으로 만든 염료도 매우 값비쌉니다. 염료를 30그램 정도 만드는 데 사프란 꽃이 4,000송이 넘게 필요했으니 비싼 것도 당연하지요. 사프란은 지금도 가장 귀한 향신료이자 천연염료 중 하나로 꼽힙니다.

재미있는 점은 인도 사람들이 생각하는 주황색의 범위가 우리보다 훨씬 넓다는 것입니다. 흔히 '인도의 노랑'이라고 부르는 '몽기르 피우라' 역시 인도에서는 주황색의 일종이라고 여깁니다. 투명도가 높아서 주로 수채화 물감으로 쓰이던 몽기르 피우라는 지린내 같은 악취로도 유명한데요, 실제로 암소의 오줌이 원료입니다. 오줌이 떨어진 흙을 둥글게 굴려서 만들었지요. 끔찍한 사실은 병든

소의 오줌일수록 진한 색이 만들어지기에 일부러 소가 병에 걸리게 하기도 했다는 것입니다. 게다가 물을 거의 주지 않고 망고 잎만 먹였다고도 하지요. 결국 몽기르 피우라 제조는 20세기 초에 동물 학대를 이유로 금지되었습니다.

빨강, 파랑, 보라를 거쳐 주황까지 보니 종교와 색은 정말 뗄 수 없는 관계인 듯합니다. 귀한 색은 종교에 권위를 세워 주고, 종교는 색에 특별한 의미를 부여했지요. 앞으로 종교 시설을 방문하게 되면 어떤 색이 쓰였는지 유심히 보세요. 그 색이 여러분에게 어떤 메시지를 보낼지도 모릅니다.

봉선화의 추억

사프란 외에 우리 주위에서 쉽게 접할 수 있는 주황색 염료로는 무엇이 있을까요? 어렵게 생각할 것 없습니다. 초여름에 봉선화로 손톱을 물들인 적이 한 번쯤 있지 않나요? 잘 찧은 꽃과 잎을 손톱에 얹고 헝겊으로 감싸 묶은 뒤 하룻밤 지나서 풀어 보면 손톱이 빨간빛 감도는 주황색으로 곱게 물들어 있지요. 첫눈이 내릴 때까지 손톱에 물이 남아 있으면 첫사랑이 이루어진다는 낭만적인 이야기도 있었고요. 봉선화 물들이기는 주황색 염료를 이용한 대표적인 사례입니다.

우리나라에서 언제부터 봉선화 물들이기를 했는지는 분명하지 않습니다. 하지만 고려 때 충선왕과 함께 몽골로 끌려간 궁녀가 고향을 그리워하며 봉선화 물들이기를 했다는 기록이 있어 그 이전부터 시작되었을 것이라고 추측하지요. 봉선화 물들이기에는 손톱을 꾸미는 것뿐만 아니라 나쁜 기운을 쫓아내는 의미도 있었는데요, 주황색이 머금은 빨간빛을 보고 병이나 악귀가 도망간다고 믿었습니다. 금줄에 빨간 고추를 꿴 것과 같은 의도였지요.

봉선화 물들이기가 가능한 것은 꽃과 잎에 포함된 염료 성분 덕분입니다. 염색이라 하면 보통 직물을 떠올리지만, 이 경우에는 손톱을 염색한 것이지요. 재미있는 점은 봉선화에서 꽃보다 잎에 염료 성분이 더 많다는 것입니다. 그래서 진하게 물들이겠다고 꽃만 잔뜩 손톱에 얹었다가 다음 날 울상이 되는 친구들도 많지요. 그리고 빠뜨려서는 안 되는 것이 소금이나 백반입니다. 꽃과 잎에 백반과 소금을 섞지 않으면 손톱에 물이 잘 들지 않거든요. 백반과 소금은 손톱에 염색이 잘되도록 돕는 매염제인 것이지요.

매염제에 대해서는 앞서 몇 번 이야기했습니다. 염료가 잘 침투해서 들러붙도록 도와주는 역할을 한다고 했지요. 매염제가 필요한 염료를 아예 '매염 염료'라고 구분해서 부

봉선화 물들이기를 위해 손톱에 잘 찧은 봉선화꽃과 잎을 얹은 모습.

르는데요, 천연염료는 대부분 매염 염료입니다. 염료에 따라 매염 제도 달라서 봉선화 물들이기에 소금과 백반이 쓰인다면, 쪽물 염색에는 조개껍데기나 잿물이 사용되지요. 다만 매염제 자체가 매염 염료의 단점이기도 합니다. 염색할 때 과정이 한 단계 더 있는 셈이니까요. 매염제가 필요 없는 합성염료가 발명된 이후 매염 염색은 좀처럼 쓰이지 않게 되었습니다. 지금은 전통 공예의 일종으로 명맥이 이어지고 있지요.

봉선화 물들이기에 비유하면 염료와 안료의 차이도 알기 쉽습니다. 봉선화로 손톱에 물들이는 것이 염료를 이용한 염색이라면, 매니큐어를 손톱에 바르는 건 안료를 이용한 착색입니다. 염료가 어떤 물체의 속까지 침투하여 색을 띠는 데 비해 안료는 어떤 물체의 겉을 둘러싸는 것이지요. 매염 염료처럼 안료도 그 자체만으로는 종이나 캔버스에 제대로 착색이 되지 않습니다. 그래서 필요한 것이 접착제 역할을 하는 전색제입니다. 가루 상태인 안료를 어떤 전색제와 혼합하는지에 따라 유화 물감, 수채화 물감, 잉크, 페인트, 크레용 등으로 나뉩니다.

요즘은 봉선화 물들이기보다 매니큐어를 선호하는 것 같습니다. 매니큐어는 색이 다양하고 지우기도 편하지만, 오래 바르고 있으면 공기와 차단된 손톱이 갈라지기도 하지요. 손톱 건강을 위해서라도 한 번쯤 봉선화로 손톱을 물들여 보면 어떨까요? 어쩌면 첫사랑과 낭만적인 만남을 이룰지도 모르니까요.

퐁파두르 부인이 사랑한 분홍

주황에 이어 빨강의 또 다른 친척인 분홍을 다루어 보겠습니다. 왠지 분홍은 빨강, 파랑, 노랑, 초록처럼 중요한 색으로 대우받지는 못했을 것 같습니다. 분명 분홍 특유의 매력이 있지만 국가나 종교, 왕가 등을 상징하는 색으로는 위엄이 모자라 보이지요. 하지만 분홍이 빨강이나 파랑 못지않은 대접을 받던 때도 있었습니다. 18세기 유럽, 그중에서도 프랑스로 돌아가 봅시다.

18세기 초, 프랑스 파리에서는 귀족을 중심으로 새로운 예술 양식이 등장합니다. 바로 섬세하고 우아한 곡선, 풍부하고 화려한 색채 등이 특징인 '로코코 양식'이었지요. 로코코 양식은 그 전에 유행한 바로크 양식과 사뭇 대비되는데요, 바로크 양식이 생동감과 장중함으로 보는 이를 압도한다면, 로코코 양식은 가벼워 보이지만 훨씬 감각적이고 화려합니다. 로코코 양식은 왕권이 약해지면서 등장할 수 있었습니다. 당시 프랑스에서는 '태양왕'이라고 불리던 루이 14세가 물러나고 루이 15세가 불과 다섯 살에 즉위했는데요, 너무 어린 왕을 대신하여 오를레앙 공작이 나라를 다스렸습니다. 당연히 이전보다 왕권이 약해졌겠지요. 그러면서 왕의 권위를 높이는 수단이던 바로크 양식이 쇠퇴하고, 새로이 로코코 양식이 등장한 것입니다. 화려한 로코코 양식의 이면에는 오랫동안 억눌렸던 귀족들의 과시욕이 숨어 있었던 셈이지요.

로코코 양식은 건축과 실내 장식을 비롯하여 회화, 의상 등 다양한 분야에 영향을 미쳤습니다. 분야를 가리지 않은 특징이라면 파스텔컬러가 유행했다는 것이지요. 파스텔컬러란 쉽게 말해 파랑, 빨강, 초록 같은 원색과 하양을 섞은 색입니다. 분홍도 당연히 파스텔컬러에 속하지요. 당시에는 부유한 시민들이 등장하며 더 이상 원색 염료를 귀족이 독점하지 않게 되었습니다. 언제나 특별하고 싶은 귀족들 입장에서는 달갑지 않았겠지요. 그래서 귀족들은 이전에 잘 쓰지 않던 파스텔컬러에 눈을 돌렸습니다. 게다가 때가 타기 쉽다는 파스텔컬러의 단점은 외려 자신이 노동과 무관하다는 것을 드러내는 장점이 되었고요. 파스텔컬러 옷에 화려한 장신구를 걸치는 건 '패셔니스타'의 상징이었다고 하네요.

아이러니한 것은 파스텔컬러를 유행시키고 로코코 양식이 퍼지는 데 결정적으로 기여한 사람이 평민 출신이라는 점입니다. 루이 15세의 정부였던 퐁파두르 부인이 그 주인공입니다. 퐁파두르 부인은 평민 출신으로 결혼까지 했지만, 루이 15세의 눈에 들어 남편과 이혼하고 왕의 정부가 되었습니다. 워낙 아름다워서 퐁파두르 부인의 옷이나 헤어스타일은 금세 유행이 되었다고 하지요. 퐁파두르 부인은 당대 학문과 예술에 큰 영향을 미쳤는데요, 루소와 볼테르 같은 지식인과 예술가들을 후원하고 모임도 개최했습니다. 특히 가톨릭교 등 보수적인 세력이 금기시하던 『백과전서』*는 퐁파두르 부인의 후원 없이는 나오지 못했을 거라고 하지요. 로코코 양식 역시

---

* 1751년부터 1780년에 걸쳐 프랑스에서 간행된 백과사전. 진보적인 지식인들이 집필을 주도했으며 프랑스 혁명의 사상적 준비에 큰 영향을 미쳤다.

폰파두르 부인(왼쪽)과 그녀가 소유했던 세브르 자기(오른쪽).
18세기 중반에 만들어진 꽃병은 바탕에 분홍을 칠하고 코끼리 머리로 장식했다.

퐁파두르 부인의 지원에 힘입어 독일과 오스트리아 등지로 퍼져 나
갔습니다.

각종 예술품을 수집한 퐁파두르 부인은 그중에서도 '세브르 자
기'를 아꼈습니다. 멀리 떨어져 있던 도자기 공장을 자신의 저택과
가까운 지역으로 옮기게 할 정도였지요. 로코코 양식으로 만들어진
세브르 자기는 바탕색 위에 그린 꽃이나 풍경 등의 그림과 그 주위
를 장식한 금박이 특징으로 손꼽힙니다. 특히 새로운 바탕색을 개
발하는 데 공을 들였는데, 분홍색에는 '로즈 퐁파두르'라는 이름을
붙였지요. 자신의 이름을 딴 색이니 퐁파두르 부인도 좋아할 수밖

에 없었을 겁니다. 세브르 자기는 지금도 프랑스를 대표하는 도자기로서 국립 자기 공장이 운영되고 있습니다.

풍파두르 부인과 로코코 양식은 모두 전성기가 길지 못했습니다. 풍파두르 부인은 왕의 아이를 낳지 못해 쭉 정부로 지내야 했고, 죽은 뒤에는 사치 때문에 구설수에 올랐지요. 로코코 양식도 앞선 르네상스나 바로크처럼 시대를 대표하지는 못한 채 한때의 유행에 머물고 말았고요. 저는 풍파두르 부인과 로코코 양식이 봄철에 화려하게 피어났다 금세 지는 꽃과 닮았다고 생각합니다.

여자아이들은 언제부터 분홍색을 입었을까?

2016년 경기도 성남시에 분홍색 버스가 운행되는 노선이 있다고 화제가 되었지요. 하필이면 왜 분홍색으로 칠했을까요? 운전기사가 모두 여성이기 때문이라고 합니다. 여성 기사들의 편의를 고려하여 한 노선에 배치하고는 상징적으로 버스에 분홍색을 칠했다고 하지요. 그럴듯하다고 고개를 끄덕이는 사람이 많을 것입니다. 분홍색은 나이에 관계없이 여성의 색이라고 여겨지니까요. 어린아이들과 마주해도 무의식적으로 옷을 보고 성별을 판단하지요. 분홍색이라면 여자아이, 하늘색이라면 남자아이 하고 말입니다.

여자아이에게 분홍색 옷을 입히는 관습은 꽤 오래전부터 시작되었을 것 같지만 그렇지 않습니다. 19세기까지만 해도 부유한 상류

19세기 중반에 그려진 미국 소년의 초상화. 분홍색 드레스와 리본 달린 구두가 눈에 띈다.

층을 제외한 대부분은 아이에게 하얀색 옷을 입혔거든요. 19세기 말에 저렴하고 세탁도 잘 견디는 합성염료가 개발되면서 비로소 아이들에게 색이 들어간 옷을 입혔지요. 게다가 20세기 초까지는 외려 분홍이 남자아이의 색이었습니다. 1918년 미국에서 발행된 어린이 패션 잡지를 보면 "분홍은 단호하고 강한 색이기에 남자아이에게 어울리지만, 파랑은 섬세하고 고상하기에 여자아이에게 어울린다."라는 내용이 있지요. 왜 이렇게 분홍에 대한 인식이 달랐을까요? 분홍이 빨강의 친척이라는 점을 떠올리면 이유가 납득이 됩니다. 앞서 설명했지만 유럽에서 빨강은 오랫동안 권위와 권력을 상징하는, 쉽게 말해 남자의 색이었습니다. 프랑스와 영국의 군인들은 빨간색 군복을 입기도 했지요. 그렇기 때문에 빨강에 가까운 분홍이 남자아이에게 어울린다고 생각한 것입니다. 사실 색에 대한 인식만 바뀐 것도 아닙니다. 19세기 부유한 집안의 남자아이들은 하늘하늘한 원피스를 입고 리본 달린 구두를 신었거든요. 당시 남자아이의 그림을 보여 주고 성별을 맞춰 보라고 하면 우리는 십중팔구 여자아이라고 답할 겁니다.

20세기 초에 유럽과 미국에서 서서히 여자아이에게 분홍 옷을 입혔다고 하는데요, 명확한 계기가 있었던 것은 아닙니다. 해군이 입던 파란색 세일러복이 아동복으로 유행했다든지 하는 이유가 꼽히지만, 그때그때 유행이 겹쳐서 사람들의 인식이 조금씩 바뀌었다고 봐야 하지요. 오늘날에는 색과 성별을 연관 짓지 말자고 주장하는 사람도 있습니다. 여자다움과 남자다움에 대한 고정 관념을 버려야 남녀 차별이 없어진다는 것이지요. 정말로 몇 년 뒤에는 분홍이 남자를 대표하는 색이 될지도 모릅니다. 여태 다룬 모든 색들이 그랬듯, 색의 의미란 사회 분위기에 따라 끊임없이 변하니까요. 여러분도 '분홍은 여자의 색'이라고 단정하지는 않길 바랍니다. 색에 대한 고정 관념을 버리면 세상을 바라보는 여러분의 시야도 훨씬 넓어질 것입니다.

무궁무진한
색의 세계로

지금 고개를 돌려 주변을 둘러보세요. 실내라면 책상, 의자, 컴퓨터 등이 보일 테고, 실외라면 하늘과 건물과 자동차, 가로수와 먼 산 등이 보이겠지요. 어떤 풍경이든 다채로운 색으로 가득할 겁니다. 눈에 보이는 모든 사물은 색깔을 띠고 있는 법이니까요. 빛이 전혀 들지 않아 어두컴컴한 곳이 아니라면 우리 눈은 항상 색을 보고 있기 마련입니다.

　색은 문자보다도 빠르게 우리에게 다양한 의미를 전달합니다. 초록색 비상구 안내, 빨간색 신호등, 노란색 독극물 표시 등은 그 이상 효과적인 전달법이 있을까 싶을 정도로 간단하고 분명하지요. 또한 우리는 하루에 몇 번씩 어떤 색을 사용할지 고민합니다. 아침에 옷을 입고, 수업 시간에 필기할 펜을 꺼내고, 하굣길에 팬시점에서 노트를 사는 등의 일에는 색을 선택해야 하는 순간이 있습니다. 이렇게 선택한 색은 심리에 많은 영향을 미칩니다. 인터넷으로 주문한 옷이 집에 도착했는데 모니터로 볼 때와 색이 달라 기분이 나빴던 기억이 한 번쯤은 있겠지요. 그 반대로 기분이 우울할 때 좋아하는 색의 옷을 입으면 한결 후련해지고요. 이렇듯 일상생활과 색은 결코 떨어질 수 없습니다.

우리는 빨강부터 주황과 분홍까지 대표적인 색들이 사람들과 어떤 영향을 주고받았는지 살펴봤습니다. 하지만 이 정도로는 깊고 넓은 색의 세계를 잠깐 엿본 것에 불과합니다. 빨강이라고 해도 그 안에 '선명한 빨강', '진한 빨강', '어두운 빨강', '탁한 빨강' 등 무수히 많은 색들이 존재하니까요. 또한 어떤 색들을 어떤 순서로 배치하는지에 따라 느낌이 전혀 달라지고요. 때로는 분홍처럼 색이 품은 의미 자체가 바뀌기도 합니다.

"번거로우니 대충 어떤 색이라도 좋아요." 하는 사람도 있겠지요. 하지만 모처럼 무궁무진한 색의 세계가 펼쳐져 있는데, 그저 외면하기는 너무 아깝습니다. 색을 잘 알고 활용한다면 마침내는 자신의 삶도 더욱 선명하고 풍부한 색으로 물들 테니까요. 그래서 여러분에게 색의 세계로 나아가기 위해 필요한 기본적인 나침반을 알려 주려 합니다. 바로 '색이란 무엇일까?'라는 물음에 대한 답입니다. 적을 알고 나를 알면 백 번을 싸워도 지지 않는다고 하지요? 이번 기회에 색에 대한 기초를 알아 두면 두고두고 써먹을 기회가 있을 겁니다.

빛이 없으면 색도 없다

색을 보기 위해서는 먼저 빛이 필요합니다. 빛이 없으면 검정밖에 보이지 않지요. 자, 그럼 색에 앞서 빛은 과연 무엇일까요? 보통 빛이란 전자기파 중에 사람의 눈으로 볼 수 있는 영역인 가시광선을 가리킵니다. 전자기파라는 말이 어려워 보여서 그렇지 우리는 늘 전자기파를 접하고 있습니다. "라디오 전파가 약하다."라든가 "이 제품은 전자파 흡수율이 높다."라고 들어 본 적 있지요? 이때 전파와 전자파란 모두 전자기파에 포함됩니다. 그 외에 텔레비전 리모컨에 쓰이는 적외선, 병원에서 몸속을 촬영할 때 쓰는 엑스선, 열심히 선크림을 발라서 막으려 하는 자외선, 전자레인지 속 음식을 데우는 마이크로파 등이 전자기파에 속하지요.

모든 전자기파는 파동 형태로 이동하며 속도는 빛과 똑같은 초속 30만 킬로미터이지만, 파장의 길이는 제각각입니다. 그리고 이 파장의 길이가 전자기파의 종류를 나누는 기준이 되지요. 파장이 가장 긴 것은 라디오파이고, 마이크로파, 적외선, 가시광선, 자외선, 엑스선, 감마선 순서로 파장이 짧아집니다. 가시광선은 파장의 길이가 380나노미터*부터 780나노미터까지로 알려져 있는데요, 파장의 길이에 따라 가시광선 속에서도 색이 달라집니다. 무지개의 색을 '빨강, 주황, 노랑, 초록, 파랑, 남색, 보라'라고 하지요? 실제로

---

* 1나노미터는 10억 분의 1미터이다.

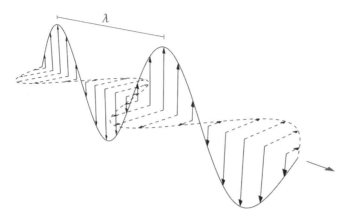

모든 전자기파는 파동의 형태로 이동하며, 파장의 길이(λ)에 따라 전자기파의 성질이 달라진다.

이는 가시광선에서 파장의 길이가 긴 색부터 나열한 것과 같습니다. 빨강이 가시광선 중 가장 파장이 길고 보라가 가장 파장이 짧거든요. 사람은 빨강보다 파장이 길거나 보라보다 파장이 짧은 전자기파는 눈으로 인식할 수 없습니다.

여기서 잠깐 의문이 들 겁니다. '그럼 모든 동물은 똑같은 영역의 전자기파만 볼 수 있을까?' 하고요. 그렇지 않습니다. 종에 따라 볼 수 있는 영역이 조금씩 다르거든요. 예컨대 꿀벌의 눈은 자외선을 볼 수 있지만 가시광선 중 빨강을 보지 못합니다. 사람에 비해 파장이 짧은 전자기파를 인식하도록 진화한 것이지요. "꽃의 화려한 색에 이끌리듯 꿀벌들이 모여들었다." 같은 말은 사실 틀린 셈입니다. 꿀벌이 인식하는 꽃의 색이란 인간이 보는 것과 전혀 다르니까요. 색이란 종에 따라 달라지는 것임을 기억해 둡시다.

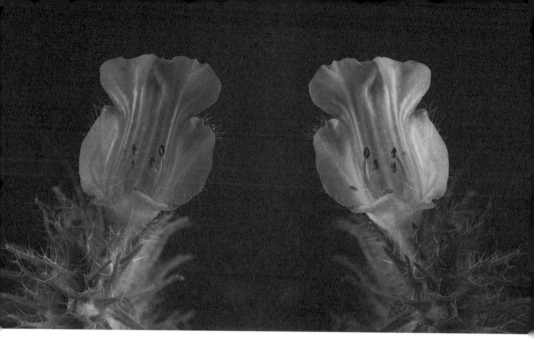

똑같은 광경이더라도 사람이 보는 것(왼쪽)과 꿀벌이 보는 것(오른쪽)은 다르다.

우리가 색을 보기 위해 빛 다음으로 필요한 것은 물체입니다. 빛
이 물체에 닿으면, 물체는 빛 중 일부를 반사하거나 흡수합니다. 그
리고 사람의 눈은 반사된 빛을 인식하지요. 예를 들어 빨간 소방차
는 가시광선 중 빨강 영역만 반사하고, 나머지 영역은 모두 흡수한
것입니다. 앞서 설명했듯이 모든 가시광선을 흡수하면 검정, 모든
가시광선을 반사하면 하양으로 보이고요. 그렇다면 유리는 왜 투명
할까요? 모든 가시광선이 유리를 그냥 투과했기 때문입니다. 만약
어떤 유리가 가시광선 중 파랑만 투과시키고 나머지 영역을 흡수한
다면 투명하되 파란색을 띠지요. 빛과 물체 사이에 일어나는 현상
으로는 흡수, 반사, 투과 외에도 산란과 굴절이 있는데요, 주로 파란

하늘, 하얀 구름, 붉은 노을 같은 자연의 색과 관련되어 있습니다. 산란과 굴절에 대해서는 잠시 뒤에 더 자세히 다루겠습니다. 간단하게 이야기했지만 실제로 흡수, 반사, 투과, 산란, 굴절 등은 매우 복잡하게 동시에 일어납니다. 자연의 색이 그리도 다양한 것은 그만큼 복잡한 과정이 얽혀 있기 때문이지요.

색을 보기 위해 필요한 마지막 요소는 눈입니다. 너무 당연한가요? 하지만 눈에 이상이 있다면 색을 제대로 알 수 없으니 중요한 요소임에 틀림없지요. 사람의 눈에는 빛을 받아들이는 세포가 두 종류 있습니다. 밝기를 감지하는 간상세포와 색상을 구별하는 추상세포이지요. 추상세포는 다시 빨강, 초록, 파랑을 감지하는 세 종류의 세포로 나뉩니다. 세 종류의 추상세포들이 감지한 색이 조합되어 뇌에 전달되면, 비로소 우리가 색을 인식합니다.

색맹이나 색약 같은 색각 이상은 추상세포에 문제가 생긴 장애를 일컫습니다. 색맹은 특정한 추상세포가 기능하지 않거나 아예 없어서 색을 구별하지 못할 정도로 증세가 심하지만, 색약은 비교적 증세가 가벼워 특수한 안경으로 보완할 수 있지요. 예를 들어 빨강을 인지하는 추상세포가 없는 경우를 적색맹이라고 하는데요, 적색맹인 사람은 초록, 노랑, 빨강을 구별하지 못합니다. 게다가 빨간빛을 검정에 가깝게 인식해서 운전을 하려면 큰 곤란을 겪게 되지요. 신호등의 빨간불이 켜져 있는지 꺼져 있는지 알 수 없으니까요. 그래서 색맹인 사람도 운전할 수 있도록 신호등을 개량하자는 주장이 나오고 있답니다. 참고로 동물 중에는 색맹이 많습니다. 일부 영장

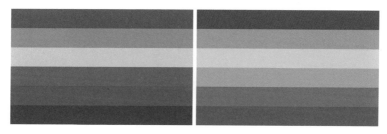

눈에 이상이 없는 사람이 보는 무지갯빛(왼쪽)과 적색맹이 있는 사람이 보는 무지갯빛(오른쪽).

류만 사람처럼 세 종류 원추세포를 지니고 있지요. 흔히 투우에서 빨간 천이 소를 흥분시킨다고 하지만, 이는 새빨간 거짓말입니다. 소는 빨강을 구별하지 못하거든요. 실제로 소의 눈앞에서 하얀 천을 흔들어도 똑같이 흥분합니다.

결국 색이란 원추세포가 받아들인 자극을 뇌가 해석한 결과물이라고 해야겠습니다. 실제로 원추세포가 멀쩡했지만 뇌를 다쳐서 색맹이 된 사람도 있지요. 게다가 인간과 아예 다른 색으로 세상을 바라보는 동물들도 있고요. 색은 물리 법칙처럼 어디서든 누구에게든 똑같은 것이 아닌 셈입니다.

색을 나누는 3가지 요소

사람들이 한데 모여 생활하는 사회에서는 모두가 공유하는 기준이 중요합니다. 색도 마찬가지입니다. 어떤 색을 자신의 느낌만으로 이름 붙이고 설명한다면 다른 사람과 소통하기 어렵겠지요. 그래서 사람들은 계통 색이름이나 관용 색이름처럼 특정한 기준으로 색들을 분류하고 이름을 붙였습니다.

색은 크게 유채색과 무채색으로 나눌 수 있습니다. 여러분도 잘 알고 있겠지요. 무채색은 검정과 하양, 그리고 그 사이에 있는 수많은 회색들입니다. 무채색에 속하는 색들은 오로지 밝기만이 다릅니다. 무채색 외에 모든 색은 유채색에 속하고요. 유채색은 수백만 가지 이상 존재하고, 사람의 눈은 그중에서 약 10만 가지 색들을 식별해 냅니다. 하지만 일상에서 사용하는 색이름은 많아야 30가지에 불과하니 색의 세계는 언어로 표현하기에 너무 넓은 셈입니다.

유채색은 3가지 속성, 즉 색상, 명도, 채도를 기준으로 분류합니다. 사람은 눈앞에서 어떤 색을 보았을 때 이 3가지 요소를 항상 함께 인지하지요.

'색상'이란 사람들이 빨강, 주황, 노랑, 초록, 파랑, 남색, 보라 등으로 구분할 수 있게 하는 색 자체의 특성을 말합니다. 가시광선을 파장의 길이에 따라 나눈 것과 같지요. 색상은 색의 밝기나 탁함과는 관계가 없는데요, 예를 들어 어두운 빨강이든 분홍이든 색상으로는 모두 빨강에 속합니다. 각 색상을 파장의 길이에 따라 둥글게 배치한 표가 '색상환'입니다. 미술 교과서에서 한 번쯤 봤지요? 보통 가장 파장이 긴 빨강을 가운데 위에 두며 시계 방향으로 갈수록 파장이 짧은 색을 배치합니다. 색상환을 보면 색상들의 관계를 한눈에 알 수 있습니다. 색상환에서 붙어 있는 색들은 유사색, 마주 보

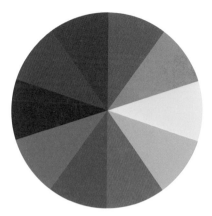

우리나라 교육부에서 정한 기본색 10가지의 색상환.
빨강부터 시계 방향으로 주황, 노랑, 연두, 초록, 청
록, 파랑, 남색, 보라, 자주이다.

는 색들은 보색이거든요. 빨강이라면 유사색은 주황과 자주이고, 보색은 청록인 것이지요.

'명도'는 색상과 관계없는 색의 밝고 어두움을 뜻합니다. 색의 밝음과 어두움은 가시광선을 얼마나 반사하느냐에 따라 달라지며, 명도가 높을수록 빛을 많이 반사하는 색입니다. 알다시피 하양이 가장 명도가 높고 검정이 가장 명도가 낮지요. 유채색은 모두 그 사이에 위치하고요.

'채도'는 색이 얼마나 순수한지를 나타냅니다. 우리가 어떤 색을 맑거나 탁하다고 표현하는 것은 채도 차이를 느꼈기 때문이지요. 채도는 가시광선 중 특정 색상의 파장을 얼마나 반사하느냐에 따라 달라집니다. 가령 빨강의 파장을 많이 반사할수록 눈에 보이는 빨

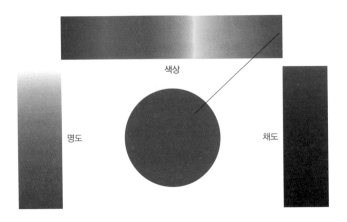

색의 3요소인 색상, 명도, 채도. 무채색에는 색상과 채도가 없다.

간색은 채도가 높아지는데요, 그렇기에 색상환에 들어간 색상들은 가장 채도가 높은 색들이라고 할 수 있습니다. 이제 알아챈 사람들도 있을 텐데, 무채색은 '채도가 없는 색'을 가리키는 말입니다. 채도가 없다는 것은 가시광선의 모든 파장을 균일하게 반사하여 한 가지 색상이 두드러지지 않는다는 뜻이지요. 그래서 무채색은 어떤 색상에도 속하지 않는 것이고요.

색의 3요소를 알면 좀 더 분명하게 색을 표현할 수 있습니다. 가령 막연하게 '여기에는 따뜻한 노랑이 어울리겠어.'라고 말했던 것을 '이 노랑은 채도를 높이고 명도는 낮춰 보자.'라고 할 수도 있겠지요. 만약 여러분이 장래에 디자이너나 화가 등을 꿈꾼다면 더더욱 도움이 될 것입니다.

막연한 혼색에서 벗어나는 법

색들을 섞으면, 즉 혼색을 하면 다른 색으로 탈바꿈합니다. 빨강과 노랑을 섞어 주황, 빨강과 파랑을 섞어 보라를 만든다는 것은 미술 시간에 많이들 경험했겠지요. 하지만 혼색에 대해 제대로 아는 사람은 드문 듯합니다. 저도 어렸을 때는 무작정 이것저것 섞어 보다 팔레트가 흙탕물처럼 되고는 했지요. 지금부터는 혼색의 종류와 법칙에 대해 차근차근 설명하겠습니다. 이어지는 내용을 알아 두면 색을 섞을 때 시행착오를 줄일 수 있을 것입니다.

먼저 색을 더할수록 밝아지는 '가산 혼색'이 있습니다. 가산 혼색에서 색이란 '빛의 색'을 가리킵니다. 즉 색깔 있는 빛을 섞어서 더 밝은 색의 빛을 만드는 방법인 것이지요. 가산 혼색의 기본 색, 즉 빛의 3원색은 빨강, 초록, 파랑으로 사람의 눈에 있는 원추세포가

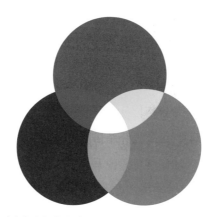

가산 혼색의 3원색. 빨강, 파랑, 초록을 섞으면 하양이 된다.

인식하는 색들과 같습니다. 원색이란 혼색으로는 만들 수 없는 색을 뜻하는 말로 1차색이라고도 합니다. 빨강, 초록, 파랑은 어떤 빛을 섞어도 만들어 낼 수 없는 색들이지요. 빛의 3원색을 모두 합하면 가장 밝은 하얀 빛이 됩니다. 빛이 전혀 없다면 검정이 되고요. 가산 혼색에서는 섞었을 때 하얀 빛이 되는 두 색을 보색 관계라고 하는데요, 예를 들어 빨강의 보색은 밝은 파랑인 시안, 파랑의 보색은 노랑, 그리고 초록의 보색은 자주에 가까운 마젠타입니다.

컴퓨터 모니터, 텔레비전, 스마트폰 등의 화면이 온갖 색을 띠는 원리도 빛의 3원색을 이용한 가산 혼색입니다. 다만 직접 빛을 섞는 것과는 조금 다른데요, 컴퓨터 모니터를 확대하면 빛의 3원색을 내는 아주 작은 점들을 볼 수 있습니다. 가까이에서 보면 점들의 나열에 불과하지만, 멀리 떨어지면 그 점들이 내는 빛의 3원색이 조합되어 다른 색으로 인식되는 것이지요. 앞서 작은 점들로 다른 색을 만드는 방식을 소개했는데 기억하나요? 맞습니다. 인상파 화가들이 점묘법으로 물감을 섞지 않고도 섞은 듯한 효과를 냈지요. 이처럼 두 가지 이상의 색을 오밀조밀하게 배치하여 다른 색으로 보이게 하는 것을 '병치 혼색'이라고 합니다.

컴퓨터 모니터를 확대해서 촬영한 사진.
빛의 3원색이 빽빽하게 채워져 있다.

텔레비전과 스마트폰은 빛을 병

치 혼색하여 가산 혼색과 같은 효과를 냅니다. 하지만 점묘법은 빛이 아닌 물감을 섞기에 다릅니다. 두 가지 물감을 병치 혼색하면 중간 밝기의 색으로 되거든요. 그래서 '중간 혼색'이라고 부르기도 합니다. 중간 혼색에는 병치 혼색뿐 아니라 연속 혼색이라는 방법도 있습니다. 연속 혼색은 두 가지 색을 빠르게 번갈아 보았을 때 눈이 중간 밝기의 색으로 인식하는 경우를 일컫는데요, 쉬운 예로 팽이가 있습니다. 팽이에 하양과 검정을 절반씩 칠하고 빠르게 돌리면 사람의 눈은 하양과 검정의 중간 밝기인 회색으로 인식합니다. 병치 혼색과 연속 혼색 모두 색을 섞는 것은 아니니, 중간 혼색은 눈의 착각을 이용한 절묘한 속임수라고 할 수도 있습니다.

　마지막은 감산 혼색입니다. 감산 혼색은 공작용으로 쓰는 셀로판지를 떠올리면 이해하기 쉽습니다. 색이 있는 셀로판지를 겹치면 색이 점점 어두워져서 결국에는 검정이 되지 않던가요? 이처럼 감산 혼색은 여러 색을 섞어서 더 어두운 색을 만드는 방법입니다. 감산 혼색의 3원색은 앞서 언급했던 마젠타, 시안, 노랑으로 이 색들을 모두 섞으면 검정이 됩니다. 서로 섞었을 때 검정이 되는 마젠타와 초록, 빨강과 시안, 파랑과 노랑은 보색 관계에 해당하지요. 감산 혼색이 쓰이는 대표적인 분야는 출판입니다. 인쇄할 때 쓰는 잉크가 셀로판지 역할을 하는데요, 실제로 잉크를 한두 겹만 칠하면 셀로판지처럼 배경이 비쳐 보인답니다. 하지만 잉크에 포함된 불순물 탓에 마젠타, 시안, 노랑을 섞어도 완벽한 검정이 되지는 않아서 3원색에 검정 잉크를 더하여 인쇄하지요. 실은 인쇄에서도 병치 혼

감산 혼색의 3원색인 마젠타, 시안, 노랑을 섞으면 검정이 된다(왼쪽).
잉크를 이용한 인쇄에는 감산 혼색과 병치 혼색이 모두 쓰인다(오른쪽).

색이 쓰입니다. 책에 인쇄된 사진을 확대해 보면 마젠타, 시안, 노랑과 검정 점들이 빽빽하게 찍혀 있거든요. 오밀조밀하게 모인 점들을 사람의 눈이 화려한 사진으로 인식하는 것이지요.

수채화나 유화 물감을 섞으면 감산 혼색이라서 색이 점점 어두워진다고 알고 있지요? 이것은 혼색에 대한 가장 흔한 오해입니다. 물감이 잉크와 같으리라고 짐작해서 착각하는 것이지요. 두 가지 물감을 섞으면 중간 밝기의 색이 만들어집니다. 즉 물감의 혼색은 중간 혼색입니다. 그중에서도 병치 혼색에 해당하고요. 예를 들어 빨강 물감과 노랑 물감을 섞으면 아주 미세한 안료 가루들이 무작위로 배열되어 우리 눈은 주황색이라고 받아들입니다. 물감의 혼합이든 인상파 화가들의 점묘법이든 눈으로 확인할 수 있는지만 다를 뿐 원리는 똑같은 셈이지요. 팔레트가 흙탕물처럼 되는 불상사를 피하기 위해서라도 물감의 혼색은 감산 혼색이 아니라 중간 혼색이라는 사실을 기억해 둡시다.

자연 현상의 색은 어떻게 만들어질까?

자, 고개를 들고 맑은 하늘을 봅시다. 보통 하늘색이라고 부르는 파란색이 마음을 편하게 하지요? 느릿느릿하게 하늘을 가로지르는 하얀 구름도 마찬가지고요. 저물녘이 가까워지면 서쪽 하늘에 빨강과 주황 등이 뒤섞인 오묘한 노을이 나타납니다. 자연의 색은 어찌나 다채로운지 저는 계속 봐도 질리지 않더군요. 그런데 왜 하늘은 파란색이고 구름은 하얀색일까요?

자연 현상의 색은 빛의 산란과 밀접한 관련이 있습니다. 여러분도 알다시피 지구의 대기 중에는 질소와 산소를 비롯해 오존, 수증기 등 다양한 분자들이 떠다닙니다. 지구까지 도착한 가시광선은 대기 속 분자들과 부딪쳐 사방팔방으로 흩어지는데, 이런 현상을 산란이라고 합니다. 파장이 짧을수록 산란이 많이 되고, 파장이 길수록 대기 속 분자들 사이를 헤치고 멀리 나아가지요. 맑은 날 하늘이 파란색인 것은 가시광선 중 파장이 짧은 편인 파란색 영역이 많이 산란되기 때문입니다. 잔뜩 산란된 파란색 빛이 우리 눈에 들어오는 것이지요.

그런데 왜 보라가 하늘의 색이 아닐까요? 파랑보다 파장이 짧아서 산란도 잘될 텐데 말입니다. 보라는 산란이 너무 잘되어서 문제입니다. 대기 중에서 산란된 보라가 우리 눈까지 도착해야 하는데, 도중에 전부 산란되어 흩어져 버리거든요. 게다가 사람의 눈은 원추세포가 바로 인식하는 파랑에 민감하기도 하고요. 아침과 저녁에 하늘이 노을빛으로 물드는 것도 태양과의 거리가 중요한 원인입니다. 아침과 저녁에는 태양이 우리와 가장 멀리 떨어져 있습니다. 그만큼 가시광선은 한낮보다 긴 거리를 통과해야 하는데, 파란색 파장은 그 거리를 이기지 못하고 보라색처럼 전부 산란되어 버립니다. 그래서 아침과 저녁에는 가장 파장이 길어서 멀리까지 나아갈 수 있는 빨강과 주황으로 하늘이 물드는 것이지요.

구름의 색도 산란으로 설명할 수 있습니다. 구름은 수증기가 한곳에 모여서 만들어지지요? 입자가 밀집되어 있는 곳에서는 그만큼 가시광선이 많이 산란됩니다. 구름 속에서는 가시광선의 모든 영역이 수증기 입자에 의해 산란되고 반사되어 하나로 합쳐집니다. 그렇기 때문에 특정한 색의 파장이 두드러지지 않고 하얀색을 띠게 되지요. 다만 비를 내릴 정도로 구름이 두껍다면 빛이 구름의 바닥까지 닿지 못합니다. 빛이 닿지 못하니 색이 어두운 것은 당연하겠지요. 두꺼운 구름을 촬영해 보면 윗부분은 하얗고 바닥으로 갈수록 색이 어두워집니다.

자연에서 만날 수 있는 색이라면 무지개를 빼놓을 수 없지요. 어린 시절에는 비가 잠깐 오면 무지개가 걸리지 않았는지 사방을 두리번거리며 찾곤 했습니다. 폭포나 분수에서 무지개를 만나면 신나

두꺼운 구름의 위쪽은 빛의 산란과 반사가 활발하여 하얗지만,
바닥으로 내려올수록 빛이 통과하지 못하여 색이 어두워진다.

서 손으로 만져 보려고도 했지요. 무지개는 가시광선이 공기 중에
있는 수증기 입자와 만나는 순간 굴절되어서 생겨납니다. 가시광선
은 물이나 기름 등과 접촉하면 진행 방향이 꺾이는데, 이를 '굴절'
이라고 합니다. 물속에 담근 손이 일그러져서 보이는 것도 빛이 굴
절되었기 때문이지요. 가시광선은 파장의 길이에 따라 굴절되는 각
도가 다릅니다. 파장이 길수록 작게 꺾이고, 파장이 짧을수록 크게
꺾이지요. 그래서 무지개가 빨강부터 보라까지 일곱 빛깔로 나뉘어
보이는 것입니다. 뉴턴이 프리즘으로 가시광선을 나눈 것은 사람의
손으로 만든 무지개라고 할 수 있습니다.

무지개는 공기 중의 수증기 입자와 부딪친 빛이 굴절되어 만들어진다.

아쉬운 점은 갈수록 무지개를 보기가 어려워진다는 것입니다. 대기 오염이 심한 탓에 가시광선이 굴절되어도 전부 산란되어서 무지개가 걸리지 않는다고 하네요. 무지개뿐만 아니라 파란 하늘도 예전처럼 자주 보기 힘들어졌지요. 기술이 발달하며 우리는 색이 풍요로운 시대를 맞이했지만, 아직 자연의 색을 완벽하게 대신할 만한 것은 등장하지 못했습니다. 아무리 해상도가 높은 모니터라도 자연을 그대로 담아낼 수는 없으니까요. 인류와 함께한 모든 색의 근원은 자연이라고 할 수 있습니다. 자연의 색을 흉내 내는 데서 색의 역사가 시작되었다고 해도 과언이 아니지요. 그러니 자연의 색이 앞으로도 우리 곁에 함께할 수 있도록 모두 힘을 모아야겠습니다.

참고 자료 및 출처

단행본

『검은 천사 하얀 악마』, 김융희 지음, 시공사 2005

『고려시대 사람들은 어떻게 살았을까 2』, 한국역사연구회 지음, 청년사 2005

『광물, 역사를 바꾸다』, 에릭 샬린 지음, 서종기 옮김, 예경 2013

『귀족의 은밀한 사생활』, 이지은 지음, 지안출판사 2006

『답사여행의 길잡이 5: 전남』, 한국문화유산답사회 엮음, 돌베개 1995

『동서도자교류사』, 미스기 다카토시 지음, 김인규 옮김, 눌와 2001

『로마인 이야기 4』, 시오노 나나미 지음, 김석희 옮김, 한길사 1996

『명화를 보는 눈』, 다카시나 슈지 지음, 신미원 옮김, 눌와 2002

『모브』, 사이먼 가필드 지음, 공경희 옮김, 웅진닷컴 2001

『모험과 교류의 문명사』, 주경철 지음, 산처럼 2015

『목화의 역사』, 자크 앙크틸 지음, 최내경 옮김, 가람기획 2007

『무서운 그림 2』, 나카노 교코 지음, 최재혁 옮김, 세미콜론 2009

『무지개에는 왜 갈색이 없을까?』, 주드 스튜어트 지음, 배은경 옮김, 아트북스 2014

『미셸 파스투로의 색의 비밀』, 미셸 파스투로 지음, 전창림 옮김, 미술문화 2003

『미술관에 간 화학자』, 전창림 지음, 어바웃어북 2013

『미술시간에 가르쳐주지 않는 예술가들의 사생활』, 엘리자베스 런데이 지음, 최재경 옮김,
에버리치홀딩스 2010

『보석, 보석광물의 세계』, 문희수 지음, 자유아카데미 2010

『블랙패션의 문화사』, 존 하비 지음, 최성숙 옮김, 심산출판사 2008

『블루, 색의 역사』, 미셸 파스투로 지음, 고봉만·김연실 옮김, 한길아트 2002

『비밀의 미술관』, 최연욱 지음, 생각정거장 2016

『빛과 색의 신비』, 쿠와지마 미키·카와구치 유키토 편저, 이규원 옮김, 한울림 2003

『빨강』, 김용희 지음, 시공사 2005

『살아있는 과학 교과서 1, 2』, 홍준의 외 3인 지음, 휴머니스트 2011

『살아있는 한국사 교과서 1, 2』, 전국역사교사모임 지음, 휴머니스트 2012

『색 color』, 박옥련·김은정 지음, 형설출판사 2007

『색깔 효과』, 한스 페터 투른 지음, 신혜원·심희섭 옮김, 열대림 2016

『색깔의 수수께끼』, 서프라이즈정보 지음, 김민경·한은미 편역, 비채 2006

『색깔이 속삭이는 그림』, 최영주 지음, 아트북스 2008

『색깔 이야기』, 데이비드 바츨러 지음, 김용희 옮김, 아침이슬 2002

『색다른 색 이야기』, 조미숙 지음, 이매진 2007

『색의 비밀』, 노무라 준이치 지음, 김미지자 옮김, 국제 2005

『색의 수수께끼』, 마가레테 브룬스 지음, 조정옥 옮김, 세종연구원 1999

『색의 유혹 1, 2』, 에바 헬러 지음, 이영희 옮김, 예담 2002

『색채 그 화려한 역사』, 만리오 브루사틴 지음, 정진국 옮김, 까치글방 2000

『색채론·자연과학론』, 요한 볼프강 폰 괴테 지음, 장희창·권오상 옮김, 민음사 2003

『색채심리』, 스에나가 타미오 지음, 박필임 옮김, 예경 2001

『색채와 문화 그리고 상상력』, 신항식 지음, 프로네시스 2007

『색채용어사전』, 박연선 엮음, 예림 2007

『색채의 마력』, 하마모토 다카시·이토 마사히로 편저, 이동민 옮김, 아트북스 2007

『색채의 상징, 색채의 심리』, 박영수 지음, 살림 2003

『색채의 역사』, 존 게이지 지음, 박수진·한재현 옮김, 사회평론 2011

『색채의 영향』, 파버 비렌 지음, 김진한 옮김, 시공사 1996

『색채의 예술』, 요하네스 이텐 지음, 김수석 옮김, 지구문화사 2015

『색채의 원리』, 김진한 지음, 시공사 2002

『세계미술용어사전』, 월간미술 엮음, 월간미술 1999

『알고 쓰는 미술재료』, 전영탁·전창림 지음, 미술문화 1996

『알기 쉬운 한국도자사』, 유홍준·윤용이 지음, 학고재 2001

『예술에 있어서 정신적인 것에 대하여』, 바실리 칸딘스키 지음, 권영필 옮김, 열화당 1979

『옛 화가들은 우리 땅을 어떻게 그렸나』, 이태호 지음, 생각의나무 2010

『우리가 정말 알아야 할 우리 선비』, 정옥자 지음, 현암사 2006

『우리 그림의 색과 칠』, 정종미 지음, 학고재 2001

『우리나라의 옛 그림』, 이동주 지음, 학고재 1995

『유홍준의 한국미술사 강의 1, 2, 3』, 유홍준 지음, 눌와 2010~2013

『이제는 색이다!』, 권영걸 외 26인 지음, 국제 2002

『자연염색』, 이승철 지음, 학고재 2001

『재미있는 색 이야기』, 오희선·김숙희 지음, 교학연구사 2001

『죽음의 식탁』, 마리 모니크 로뱅 지음, 권지현 옮김, 판미동 2014

『컬러 여행』, 빅토리아 핀레이 지음, 이지선 옮김, 아트북스 2005

『퍼펙트 레드』, 에이미 버틀러 그린필드 지음, 이강룡 옮김, 바세 2007

『하룻밤에 읽는 색의 문화사』, 21세기 연구회 지음, 정란희 옮김, 예담 2004

『한국의 미 1: 겸재 정선』, 김원용 외 엮음, 중앙일보사 1985

『한국의 색』, 이재만 지음, 일진사 2005

『한국의 전통색』, 이재만 지음, 일진사 2011

『Color는 Doctor』, 스에나가 타미오 지음, 박필임 옮김, 예경 2003

『THE Color: 세계를 물들인 색』, 안느 바리숑 지음, 채아인 옮김, 이종 2012

Victoria Finlay, *The Brilliant History of Color in Art*, J. Paul Getty Museum 2014

이미지

15면   연합뉴스 「스페인 알타미라 동굴에 그려진 벽화 ‘상처 입은 들소’」 2010년

17면   Bernard DUPONT (www.flickr.com)

20면   호세 안토니오 데알자테 지음 『코치닐의 자연, 문화, 혜택에 대한 기억』의 삽화, 1777년

24면   『르프티 주르날』 「전선의 새해」, 1915년

27면   flowcomm (www.flickr.com)

28면   bingbing 杜 (www.flickr.com)

39면   Carsten Frenzl (commons.wikimedia.org)

41면 Radomir Vrbovsky (commons.wikimedia.org)

44면 Eusebius@Commons (www.flickr.com)

47면 요하네스 페르메이르 「진주 귀고리를 한 소녀」, 1665년경, 마우리츠하위스 왕립미술관

49면 국립중앙박물관

51면 빈센트 반 고흐 「별이 빛나는 밤」, 1889년, 뉴욕 현대미술관

55면 Ian McKellar (www.flickr.com)

57면 siami21 (www.flickr.com)

64면 Gery Parent (www.flickr.com)

65면 Marco Almbauer (commons.wikimedia.org)

67면 Daniel Ullrich (commons.wikimedia.org)

69면 빈센트 반 고흐 「아를의 고흐의 방」, 1888년, 반 고흐 미술관

70면 빈센트 반 고흐 「해바라기」, 1888년, 런던 내셔널 갤러리

76면 국립민속박물관

83면 Kimmo Räisänen (www.flickr.com)

85면 Ignati (commons.wikimedia.org)

88면 얀 반에이크 「아르놀피니 부부의 초상」, 1434년, 런던 내셔널 갤러리

91면 시드니 생활박물관

93면 연합뉴스 「단청」, 2014년

94면 Zcm11 (commons.wikimedia.org)

97면 국립중앙박물관

109면 조르주 쇠라 「서커스 사이드쇼」, 1888년, 메트로폴리탄 미술관

111면 송응성 지음 『천공개물』의 삽화, 1637년

114면 Franco Folini (www.flickr.com)

119면 정선 「인왕제색도」, 1751년, 삼성미술관 리움

123면 안톤 폰 베르너 「보름스 회의의 루터」, 1877년, 슈투트가르트 미술관

130면 김홍도 「벼타작」, 18세기, 국립중앙박물관

133면 국립중앙박물관

135면 국립중앙박물관

138면 미켈란젤로「다비드상」, 1504년, 피렌체 아카데미아 미술관

139면 (왼쪽) Carole Raddato (www.flickr.com)

　　　(오른쪽) Martin Cooper (www.flickr.com)

141면 자크 루이 다비드「레카미에 부인의 초상」, 1800년경, 루브르 미술관

155면 16:9clue (www.flickr.com)

158면 연합뉴스「프란치스코 교황, 멕시코 방문」, 2016년

160면 Petar Milošević (commons.wikimedia.org)

161면 (위) london road (commons.wikimedia.org)

　　　(아래) Petar Milošević (commons.wikimedia.org)

164면 국립민속박물관

166면 국립미국사박물관

168면 국립미국사박물관

174면 연합뉴스「2016년 킹스 데이에 참여한 네덜란드 왕가」, 2016년

175면 아드리안 토마스 키「오라녀 공작 빌럼 1세의 초상」, 1579년경, 암스테르담 국립미
　　　술관

179면 연합뉴스「캄보디아 바욘 사원 관광」, 2016년

181면 연합뉴스「인도 사프란 농업」, 2016년

183면 연합뉴스「여름 방학의 추억, 봉숭아 물들이기」, 2010년

187면 (왼쪽) 프랑수아 부셰「퐁파두르 부인」, 1759년, 월리스 컬렉션
　　　(오른쪽) 샤를 니콜라 도댕「코끼리 머리 꽃병」, 1760년경, 월터스 미술관

189면 작자 미상「채찍을 든 소년」, 1840년경, 호놀룰루 미술관

196면 LennyWikidata (commons.wikimedia.org)

197면 University of Exeter (www.flickr.com)

204면 Akpch (commons.wikimedia.org)

206면 (오른쪽) Nico Hähnlein (commons.wikimedia.org)

209면 Joshua Tree National Park (www.flickr.com)

210면 xia li (www.flickr.com)